essentials

Essentials liefern aktuelles Wissen in konzentrierter Form. Die Essenz dessen, worauf es als „State-of-the-Art" in der gegenwärtigen Fachdiskussion oder in der Praxis ankommt. Essentials informieren schnell, unkompliziert und verständlich

- als Einführung in ein aktuelles Thema aus Ihrem Fachgebiet
- als Einstieg in ein für Sie noch unbekanntes Themenfeld
- als Einblick, um zum Thema mitreden zu können

Die Bücher in elektronischer und gedruckter Form bringen das Expertenwissen von Springer-Fachautoren kompakt zur Darstellung. Sie sind besonders für die Nutzung als eBook auf Tablet-PCs, eBook-Readern und Smartphones geeignet.

Essentials: Wissensbausteine aus den Wirtschafts, Sozial- und Geisteswissenschaften, aus Technik und Naturwissenschaften sowie aus Medizin, Psychologie und Gesundheitsberufen. Von renommierten Autoren aller Springer-Verlagsmarken.

Anabel Ternès · Christopher Runge

Reputationsmanagement

Stiftungen, Verbände und Vereine

Springer Gabler

Prof. Dr. Anabel Ternès
Institut für Nachhaltiges Management
Berlin
Deutschland

Dipl.-Betriebswirt (B.A.) Christopher
Runge
R&R Unternehmensgruppe
Berlin
Deutschland

ISSN 2197-6708
essentials
ISBN 978-3-658-10863-2
DOI 10.1007/978-3-658-10864-9

ISSN 2197-6716 (electronic)

ISBN 978-3-658-10864-9 (eBook)

Die Deutsche Nationalbibliothek verzeichnet diese Publikation in der Deutschen Nationalbibliografie; detaillierte bibliografische Daten sind im Internet über http://dnb.d-nb.de abrufbar.

Springer Gabler

Gedruckt auf säurefreiem und chlorfrei gebleichtem Papier

Springer Fachmedien Wiesbaden ist Teil der Fachverlagsgruppe Springer Science+Business Media
(www.springer.com)

Was Sie in diesem Essential finden können

- Reputationsmanagement – warum ist es gerade für Stiftungen, Verbände und Vereine so wichtig?
- Darstellung methodischer Herangehensweisen und Modelle für Stiftungen, Verbände und Vereine
- Besonderheiten des Reputationsmanagements im Bereich Stiftungen, Verbände und Vereine
- Professioneller Umgang mit den Medien
- Beispiele aus der Praxis

Inhaltsverzeichnis

1.1 Reputationsmanagement – warum ist es so wichtig?

Die folgende Einleitung beschäftigt sich mit Wesen und Methodik professionellen Reputationsmanagements.

„Die Bereitschaft, Produkte zu kaufen und zu empfehlen, für eine Firma zu arbeiten oder in sie zu investieren, wird zu 60 % bestimmt von dem Bild, das Menschen von einem Unternehmen haben, und nur zu 40 % von der Einschätzung der hergestellten Produkte" (Nielsen 2013). Wird die Ware ökologisch korrekt produziert? Sind die Produkte biologisch abbaubar? Ohne chemische Zusätze? Zahlt das Unternehmen faire Löhne, produziert ohne Kinderarbeit und ist auch sonst als mitarbeiterfreundlich ausgezeichnet? All dies sind Fragen, die heutzutage Kaufentscheidungen beeinflussen und den guten Ruf eines Unternehmens formen.

Ein guter Ruf kommt einem Unternehmen in vielfältiger Weise zugute, weil er dazu beiträgt, dass das Unternehmen erste Wahl von Kunden, Investoren, Lieferanten und Mitarbeitern wird und bleibt. Eine hohe Reputation kann zudem die Konjunkturanfälligkeit von Unternehmen erheblich reduzieren, was sich nicht zuletzt auch während der Finanzkrise 2008 gezeigt hat. Zudem wirkt sie profilschärfend und erleichtert es Unternehmen so, sich in der Kundenwahrnehmung von Wettbewerbern abzugrenzen und Alleinstellungsmerkmale zu schaffen.

Grundlage für eine hohe Reputation bilden Werte wie Vertrauenswürdigkeit, Glaubwürdigkeit, Zuverlässigkeit, und Verantwortung (Burkhardt 2008). Kunden neigen dazu, einem namhaften Unternehmen mit gutem Ruf eher die Treue zu halten als weniger gut beleumundeten Konkurrenten. Dies kann sich insbesondere in unsicheren und dynamischen Umfeldbedingungen als Schlüssel zur Kundenbindung erweisen, welche durch eine zunehmende Produkthomogenisierung immer schwieriger allein durch Qualität und Leistung zu erreichen ist.

© Springer Fachmedien Wiesbaden 2016
A. Ternès, C. Runge, *Reputationsmanagement*, essentials,
DOI 10.1007/978-3-658-10864-9_1

Der Aufbau eines authentischen Erscheinungsbildes und direkte Kommunikation mit den Zielgruppen in Kombination mit dem Eingehen auf deren Bedürfnisse ist ein nicht zu unterschätzender Faktor der Kundenbindung. Fühlen User sich durch das Unternehmen ernst genommen, wird dessen Ruf positiv beeinflusst. Kunden, die sich zuverlässig betreut und beachtet fühlen, sind zufriedene Kunden. Betrachten diese ein Unternehmen als positiv und vertrauen auf seine Leistungsfähigkeit und Integrität, wirkt sich dies auch positiv auf die Umsätze aus.

Das Problem mit Vertrauen ist jedoch, dass es nur sehr schwer aufzubauen, aber erschreckend einfach wieder zu zerstören ist. Schnell kann so die Entwicklung ins Gegenteil umschlagen. Dann besteht nicht nur die Gefahr, dass sich bestehende Kunden abwenden, sondern ebenso, dass die Generierung von Neukunden schlimmstenfalls unmöglich wird. Zahlreiche Shitstorms in sozialen Netzwerken haben in den letzten Jahren gezeigt, wie schnell sich die Verärgerung einzelner Kunden zu einem handfesten Rufschaden ausbreiten kann. Genannt seien hier nur die „Wir sind Einzelfall"-Kampagne eines frustrierten O2-Kunden sowie der Facebook-Eintrag einer enttäuschten Vodafone-Kundin, der sich innerhalb weniger Stunden zu einem ausgewachsenen Shitstorm ausweitete (dazu näher Zollondz 2012; Bauer 2011).

Durch ein gut durchdachtes, systematisches Reputationsmanagement lassen sich diese Gefahren auf ein Minimum reduzieren.

Das Konstrukt Reputation ist sehr sensibel und bedarf eines aktiven strategischen Managements. Nur so können Unternehmen die Marktchancen, die sich durch eine hohe Reputation ergeben, konsequent nutzen. Dabei sollte im Sinne eines ganzheitlichen Ansatzes sowohl online als auch offline agiert werden. Das Internet ist mittlerweile DAS Medium der Wahl für Kunden und potenzielle Mitarbeiter, um sich ein Bild über ein Unternehmen zu verschaffen. Schlechte Bewertungen oder negative PR erweisen sich hier als besonders schädlich. Mittels Blogs, interaktiven Unternehmensseiten oder Fanpages auf Facebook und Co. ist es möglich, Meinungen aktiv zu beeinflussen und Vertrauen zu schaffen.

Eine Studie von McKinsey aus dem Jahr 2009 zeigt, dass der Einsatz von Web-2.0-Instrumenten Umsatz, Marktanteile und Margen steigern kann. Je besser ein Unternehmen über soziale Medien extern verlinkt ist, umso größer sind tendenziell die Marktanteile. Und je stärker Social Media intern eingesetzt wird, umso größere operative Margen werden erzielt (Bughin et al. 2009).

Doch der eigene Webauftritt eines Unternehmens allein genügt nicht, um einen guten Ruf aufzubauen und langfristig zu erhalten. Der Kunde von heute hat sich längst vom einfachen Konsumenten hin zum „Prosumenten", zum sogenannten Prosumer entwickelt. Kunden konsumieren nicht mehr lediglich Produkte, sondern sie werden immer mehr zur Stimme dieser Produkte. Und entscheiden so – insbesondere über Internetplattformen und Social Media – über Erfolg oder Misserfolg eines Produktes und einer Marke. 70 % der Internetnutzer vertrauen nach aktuellen Umfragen dem Urteil unbekannter User, während 75 % den Werbebotschaften von Unternehmen selbst keinen Glauben mehr schenken (Petersen 2012).

Online-Bewertungsportalen wie Yelp, Ciao oder auch Amazon sollte daher besondere Aufmerksamkeit geschenkt werden. Laut einer Studie von IBM aus dem Jahre 2011 ziehen 50 % der Befragten zwischen 16 und 64 Jahren, die über einen Internetzugang verfügen, für ihre Kaufentscheidungen soziale Netzwerke heran. Von den Befragten gaben 35 % an, dass sie Social-Media-Plattformen nutzen, um Produktbewertungen, Rankings und Services nachzulesen (IBM Studie: Soziale Netzwerke beeinflussen mehr als die Hälfte der Käufer bei Ihrer Entscheidung – sogar im Ladengeschäft 2011).

Die auf Bewertungsportalen abgegebenen Urteile können den Ruf eines Unternehmens sowohl fördern als auch immens beschädigen. Negative Informationen entwickeln in Zeiten von Social Media schnell ein unkontrollierbares Eigenleben – mit unabsehbaren Folgen für ein Unternehmen. So entsteht ein Schaden, der nur über einen sehr langen Zeitraum und oftmals, wenn überhaupt, nur teilweise behoben werden kann.

Besondere Bedeutung gewinnt die Reputation eines Unternehmens nicht nur bei der Gewinnung von Kunden, sondern auch bei der Akquise neuer Mitarbeiter. Längst herrscht in vielen Branchen ein Kampf um qualifiziertes Personal und Fachkräfte. Überall dort, wo Fachkräfte knapp sind, müssen Unternehmen sich bemühen, die besten Bewerberinnen und Bewerber für sich zu interessieren und einzustellen.

Im Kampf um Talente – dem War of Talents – spielt neben der rein materiellen Ausstattung einer Position auch die Reputation des Unternehmens eine entscheidende Rolle. Der Stolz auf das Unternehmen und die ausgeführte Arbeit ist für viele Mitarbeiter ein wesentliches Element des Lebenssinns.

Dieser „War of Talents" kann wirkungsvoll mit geschicktem Employer Branding gewonnen werden. Hierunter versteht man die identitätsbasierte, intern wie extern wirksame Entwicklung und Positionierung eines Unternehmens als glaubwürdiger und attraktiver Arbeitgeber. Mittelbar steigert Employer Branding durch Gewinnung von High Potentials Geschäftsergebnis und Markenwert (Deutsche Employer Branding Akademie (DEBA) 2006). Als ein positives Beispiel aus dem Medienbereich ist hier die „Media Entrepreneurs"-Recruitingkampagne des Springer Konzerns zu nennen (Media Entrepreneurs Day 2012), die es schafft, kreative Köpfe gezielt anzusprechen.

So angreifbar der gute Ruf eines Unternehmens ist, so wenig sind die meisten Unternehmen auf diesen Fall vorbereitet. Eine Umfrage des IT-Branchenverbandes

Bitkom ergab beispielsweise, dass von den 172 befragten Unternehmen aus der Branche lediglich 42 % einen Krisenplan für die Kommunikation auf Facebook haben. Bei der Mehrheit von 45 % ist das nicht der Fall. Ein Viertel aller Unternehmen beschäftigt nicht einmal einen festen Mitarbeiter zur Betreuung der Facebook-Präsenz. Bei 29 % ist ein einzelner Mitarbeiter für die Betreuung zuständig, bei 41 % sind es zwei oder mehr. Aber: Nur bei 37 % der Unternehmen bestehen feste Vorgaben, in welcher Zeit auf Kundeneinträge zu reagieren ist. Bei 50 % hiervon liegt dieser Reaktionszeitraum bei 24 Stunden – zu lange im Falle einer Krise (Bitkom 2012). Aktives Reputationsmanagement ist in vielen Unternehmen noch nicht fest verankert, obwohl die Relevanz der Unternehmensreputation dem Management durchaus bewusst ist (vgl. Schürmann 2006, S. 51 ff.). Zu diesem Ergebnis kommt auch eine Studie der Unternehmensberatung KPMG aus dem Jahre 2011: „Risk management is not fully integrated into day-to-day management decision-making" (Risk Management. A Driver of Enterprise Value in the Emerging Environment 2011).

Reagiert wird oftmals lediglich mit vereinzelten Hauruck-Aktionen zur Schadensbegrenzung. Um eine gute Reputation aufzubauen und langfristig zu erhalten, führt an aktivem, systematischem Reputationsmanagement jedoch kein Weg vorbei.

1.2 Definition

Der Begriff „Reputation" stammt aus dem Lateinischen und bedeutet hier „Erwägung", „Berechnung". Unter Reputation versteht man den Ruf eines Menschen, einer Gruppe oder einer Organisation. Eine gute Reputation wird mit einem hohen Ansehen gleichgesetzt. Bei Reputation spielen Glaubwürdigkeit, Ehrlichkeit und Vertrauen eine große Rolle.

Reputation zählt bei Unternehmen zum immateriellen Vermögen und ist damit Bestandteil des Firmenwertes. Einer Studie nach gilt es als das wichtigste immaterielle Gut im Hinblick auf zukünftige entscheidende Wettbewerbsvorteile (Hall 1992).

Burkhardt (2008) definiert Reputation aus betriebswirtschaftlicher Perspektive als Gesamtheit der Eindrücke, die bei allen Interessengruppen eines Unternehmens auf der Grundlage vergangener, gegenwärtiger und zukünftiger Aspekte entstanden sind. Diese wird beeinflusst durch Erfahrungen, kognitive Einstellungen und Anforderungen der Beteiligten, auf deren Grundlage das zukünftige Verhalten eines Unternehmens und dessen Auswirkung auf die eigenen Bedarfe gewertet wird. Schwalbach (2000) definiert Reputation als das von Außenstehenden wahrgenommene Ansehen eines Unternehmens. Immer mehr Wichtigkeit kommt hierbei über die funktionale Funktion hinaus der sozialen Komponente zu. Unternehmen sollten daher immer auch versuchen, ihren sozialen Status aktiv zu verbessern, denn immer mehr Kunden erwarten ein verantwortungsvolles Handeln in Zeiten knapper werdender Ressourcen (zu diesem Aspekt Fombrun und Shanley 1990).

Hier zeigt sich, wie sehr Reputation vom sozio-kulturellen Umfeld abhängt. Nach Burkhardt (2008) wird die positive Reputation von vier Dimensionen bestimmt: Vertrauenswürdigkeit Glaubwürdigkeit, Zuverlässigkeit und Verantwortung. Reputationsmanagement umfasst demnach die Gesamtheit aller systematischen Unternehmensaktivitäten zum Aufbau, zur Erhaltung und zur Verbesserung einer positiven Unternehmensreputation (Burkhardt 2008). Nachhaltig erfolgreiches Reputationsmanagement bedeutet verantwortungsvolle Kommunikation mit allen Stakeholdern und reflektiert die Unternehmenskultur nach innen und außen.

Unternehmen müssen für Kunden in der öffentlichen Wahrnehmung sichtbar und durch ihr Profil unterscheidbar sein, kommunikative Maßnahmen sollten transparent, authentisch und vor allem im Einklang mit den angestrebten Zielen sein (Fombrun 2001). Wichtig ist hier die theoretische Differenzierung zwischen Image und Reputation: Images, gemäß der Bedeutung Bilder, sind Vorstellungen, die sich Betrachter machen. Reputation dagegen bedeutet die Aggregation dieser Bilder zu einem absoluten Wert, der letztlich über die wahrgenommene Qualität und Absatzerfolge entscheidet. Eine schlechte Reputation führt demnach zu einer schlechten Service- bzw. Qualitätseinschätzung. Eine hohe Reputation hingegen führt zu stark ausgeprägtem Vertrauen, das für die langfristige Kundenbindung wichtig ist.

Deutlich wird: Es zahlt sich aus, in eine hohe Reputation zu investieren. Unternehmen mit einem guten Ansehen können höhere Preise verlangen, Kunden gewinnen und binden, die besten Mitarbeiter für sich gewinnen und insbesondere in Krisenzeiten von ihrer Reputation als immateriellem Wert als Wettbewerbsvorteil zehren.

Voraussetzung hierfür ist ein systematisches, professionell begleitetes Reputationsmanagement, das gewährleistet, in Zukunft zu agieren, statt nur zu reagieren. Denn wer nur noch reagieren kann, hat alles Folgende womöglich nicht mehr unter Kontrolle.

1.3 Prozess des Reputationsmanagements

Der Aufbau einer hohen Reputation benötigt Zeit, Ausdauer und Konsequenz. Einmalige Aktionen reichen nicht aus, um langfristigen Erfolg zu generieren. Langzeitorientierung ist kurzfristigen Maßnahmen unbedingt vorzuziehen (Risk Management. A Driver of Enterprise Value in the Emerging Environment 2011).

Der Ablauf des Reputationsmanagements ist dabei idealerweise ein Kreislauf, ein andauernder Prozess. der immer wieder neu an den relevanten Punkten ansetzt und ergebnisorientiert die Reputation des Unternehmens immer wieder aufs Neue optimiert. Nur so kann nachhaltiger Erfolg in der Reputation garantiert werden.

Als Krisenmanagement kann Reputationsmanagement im Notfall auch singulär angewendet werden, um ein akutes Reputationsproblem zu lösen, beispielsweise um einen Shitstorm in sozialen Netzwerken einzudämmen. Hierbei handelt es sich jedoch lediglich um kurzfristiges Troubleshooting, das ein nachhaltiges Reputationsmanagement keinesfalls ersetzen kann.

Sinnvoll und nachhaltig wird Reputationsmanagement erst, wenn man es durchgehend in die klassische und Online-Marketing- und Kommunikationsstrategie des Unternehmens einbindet. Gutes Reputationsmanagement ist immer an die oberste Entscheidungsebene angelehnt und wird von dort aus in seiner Strategie entschieden.

Wie bereits eingangs erwähnt, ist in vielen Unternehmen noch keinerlei strategische Umsetzung von Reputationsmanagement anzutreffen. Umso wichtiger ist es für diese Unternehmen, die richtigen Schritte in die Unternehmensführung zu implementieren, um sich für einen nachhaltigen Wachstumskurs aufzustellen und sich entscheidende Wettbewerbsvorteile zu sichern. Die Abb. 1.1 und 1.2 zeigen detailliert, welche Schritte hierzu nötig sind.

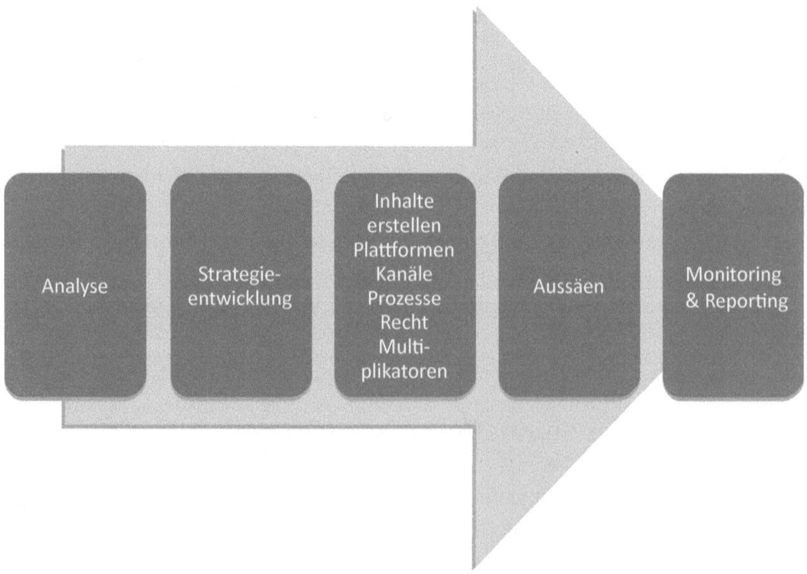

Abb. 1.1 Flussdiagramm des Reputationsmanagements. (Quelle: Runge und Ternès 2014)

Abb. 1.2 Prozess des Reputationsmanagements. (Quelle: Runge und Ternès 2014)

Analyse

Strukturiertes Vorgehen garantiert Nachvollziehbarkeit. Nur so kann Qualitätsmanagement gelingen, das auf langfristigen Erfolg und ständige Optimierung ausgelegt ist.

Grundlegender erster Schritt für gelungenes Reputationsmanagement ist daher regelmäßig eine genaue Analyse, um den Status quo festzustellen. Wo steht das Unternehmen, und wo will es hin?

Hierzu müssen sowohl interne wie auch externe Aspekte betrachtet und beachtet werden. In externer Hinsicht sind alle relevanten Stakeholder mit ihren Erwartungen zu identifizieren. Was erwartet der Kunde, was ist gesellschaftlich erwünscht? Geeignete Kommunikationskanäle und Instrumente sind dementsprechend zu wählen. Die Identifikation und der geschickte Einsatz von Multiplikatoren können dabei helfen, die Durchschlagskraft getroffener Maßnahmen zu erhöhen. Auch die interne Ausgangssituation ist gezielt zu berücksichtigen, um den Weg vom Ist- zum Soll-Zustand konkret beschreiben zu können. Stimmen inneres und äußeres Bild des Unternehmens überein? Gibt es reputationsrelevante Unstimmigkeiten? Welches Bild hat das Unternehmen von seinen Kunden? Inwiefern beeinflusst die Corporate Identity die wahrgenommene Reputation? Wichtig ist auch, wie das Unternehmen im Internet repräsentiert ist. Hier geht es insbesondere um Betrachtungen zur sozialen und funktionalen Reputation eines Unternehmens, die direkt auf die wahrgenommene Qualität von Produkten oder Dienstleistungen wirken und somit von zentraler Wichtigkeit für die Wahrnehmung des Unternehmens durch Dritte sind.

Die Analyse bildet die Basis für eine systematische Vorgehensweise. Wird dieser Schritt ausgelassen, kann ein Prozess zwar kurzfristig erfolgreich sein, möglicherweise aber nicht mehr nachvollziehbar und damit nicht nachhaltig. Denn ist der Status quo nicht festgehalten worden, können auch die besten getroffenen Maßnahmen kaum als Grundlage für weitere Optimierungen dienen. Sie schweben losgelöst im Raum, für sich genommen zwar durchaus effektiv, aber ohne Einbindung in das Gesamtgefüge.

Die Analyse sollte immer einer möglichst einheitlichen Vorgehensweise folgen, um Vergleichbarkeit zu schaffen und Optimierungen leicht vornehmen zu können. Dabei ist es hilfreich, auf vorgegebene Instrumente und Bereiche zurückzugreifen, die man nur aktivieren resp. mit Input füllen muss. Auf diese Weise ist der Blick auf die Inhalte fokussiert und es fällt leichter, den Überblick zu behalten.

Wichtig ist, den Inhalten in zuvor festgelegten Kategorien zu folgen. Kategorien sind die verschiedenen Bereiche, in denen Reputationsmanagement aktuell stattfinden kann. Welche Kategorien konkret in Frage kommen, ist u. a. von den Aktivitäten eines Unternehmens, dessen Größe, seinem finanziellen Spielraum und seiner Organisation abhängig.

Mittel der Analyse

Bei der Analyse kann man mit bewährten Instrumenten wie der SWOT-Analyse, der Balanced Scorecard oder der speziell auf Krisen ausgerichteten Crisis Management Balanced Scorecard sowie mit den vier oder fünf Ps, den drei generischen Wettbewerbsstrategien oder dem Fünf-Kräfte-Modell nach Michael E. Porter arbeiten. Auf diese Weise erarbeitet man Kategorien, die die Grundlage für die weitere Vorgehensweise bilden und in der Folge als Prüfgröße für Evaluation und Controlling dienen.

Zu nennen sind hier beispielsweise Printwerbung in Fachmagazinen, messebegleitende Veranstaltungen und Informationsbroschüren für Fachbesucher, Pressekonferenzen oder auch der Facebook -Auftritt eines Unternehmens.

Strategie

Auf Basis der Ergebnisse der Analyse werden sodann Strategien entwickelt, die sowohl die Ausgangssituation als inhaltlichen Startpunkt als auch den prozessualen Beginn der Aktivitäten betrachten. Eine Strategie sollte immer allgemein verständlich sein, da sie von vielen schnell und ohne Erklärung verstanden werden muss. Sie sollte einfach und konkret sein, um bestmögliche Anwendbarkeit zu garantieren. Auch die Ressourcen eines Unternehmens müssen zur Strategieentwicklung in den Fokus genommen werden. Die Strategien sollten ebenso wie die Analyse einen ganzheitlichen Ansatz verfolgen und die interne wie auch externe Reputation betrachten. Intern spielt nicht zuletzt auch die nachhaltige Überzeugung der für das Unternehmen wichtigen Mitarbeiter eine Rolle. Gelingt es, diese zu überzeugen, dass sie bei dem für sie richtigen Unternehmen arbeiten, so werden im Idealfall aus Mitarbeitern engagierte Botschafter für das eigene Unternehmen, die ihre Begeisterung in Social-Media-Kanälen und Internetplattformen nach außen tragen.

Operative Vorgehensweise

Sobald die Gesamtstrategie festgelegt ist, gilt es, diese in operative Vorgehensweisen umzusetzen. Dazu müssen Inhalte erstellt, offline und online passende Plattformen gefunden, passende Kanäle ausfindig gemacht, Prozesse definiert, die Rechtslage geprüft sowie Multiplikatoren definiert und angesprochen werden. Auch finanzielle, personelle, organisatorische und zeitliche Ressourcen eines Unternehmens dürfen dabei nicht außer Acht gelassen werden. Diese sind teilweise unabhängig voneinander, teilweise bedingen sie sich. Eine rechtliche und objektive Prüfung ist unerlässlich, um Verfahrensfehler zu vermeiden, nicht angreifbar zu werden und eine qualifizierte Meinung von außen zu haben, die Zusammenhänge oft klarer beurteilen kann.

Bei der Umsetzung der Strategie ist unbedingt auf umfassende Stimmigkeit zu achten. Alle Stakeholder sollten emotional eingebunden sein. Reputation basiert auf Glaubwürdigkeit und Vertrauen. Reine Sachlichkeit erschwert zudem eine starke Bindung. Die kommunikativen Maßnahmen müssen sowohl die Erwartungen der Stakeholder erfüllen als auch die Corporate Identity widerspiegeln, damit sich ein schlüssiges Bild ergibt, das Transparenz und somit letztlich Vertrauen ermöglicht. Unstimmigkeiten in diesem Bereich werden sensibel wahrgenommen und können den Erfolg der Maßnahmen nachhaltig beeinträchtigen. Stakeholder sollten möglichst Multiplikatoren sein, die als solche die Reputation eines Unternehmens deutlich stärken können. Ähnlich wie beim Empfehlungsmarketing hören Kunden in Zeiten eines nachfrageorientierten Marketings und austauschbarer Produkte vermehrt auf andere Kunden. Die Passgenauigkeit der Zielgruppe ist für ein effektives Reputationsmanagement so entscheidend wie für jede Marketingaktivität. Im

Gegensatz dazu liegt hier der Fokus allerdings immer auf der Wirkung für das Unternehmen insgesamt.

Die Umsetzung der vorab definierten Punkte lässt sich im Sinne des Flussdiagramms auch als Aussäen bezeichnen. Dieses erfolgt im Rahmen einer konzertierten Planung. Sofern mehrere Personen oder verschiedene Abteilungen eines Unternehmens an der Umsetzung beteiligt sind, ist es überaus wichtig, das Zusammenspiel der einzelnen Bereiche und Personen im Vorfeld klar zu definieren und abzustimmen und Verantwortungsbereiche klar abzustecken, um Überschneidungen zu vermeiden, Informationen zeitnah austauschen zu können und Schnittmengen produktiv zu verwalten.

Monitoring & Reporting
Um passende Kanäle und Methoden zu finden, sind Monitoring- und Reportingprozesse unabdingbar. Diese fungieren als ein Controlling und Qualitätscheck, der dazu dient, das Reputationsmanagement in seiner Effektivität messbar zu machen und zukünftige Planungen auf der Basis der gemachten Erfahrung zielgerichtet optimieren zu können. Im Idealfall sollte es auch bereits die vorangegangenen Planungsschritte begleitet haben, um aus jedem Schritt ein Optimum an Erkenntnisgewinn ziehen zu können. Wer diese Prozesse initiiert und steuert, hängt von der Struktur des Unternehmens, aber auch von den Plattformen, Kanälen, Prozessen und Multiplikatoren ab. Qualitätssicherung kann auf der Grundlage verschiedener Methoden erfolgen. Darunter fallen qualitative und quantitative Umfragen, Interviews und Auswertungen, z. B. von Balanced Scorecards.

Monitoring & Reporting im Anschluss an Kampagnen ist deshalb so enorm wichtig, um die Qualität der verbreiteten Inhalte zu prüfen und deren Wirkung qualitativ zu analysieren. Insbesondere Darstellungen und Äußerungen im Internet sind konstant und durchgängig im Auge zu behalten. Eine professionelle Responseanalyse und Feedback sind unabdingbare Prozessbestandteile, um die Wirksamkeit und Reichweite der gewählten Instrumente zu messen und Veränderungen der Fremdwahrnehmung nachvollziehen zu können.

Wie bereits eingangs dargestellt, handelt es sich bei Reputation um ein abstraktes Konstrukt, das nur schwer mess- und erfassbar ist. Umso wichtiger ist es, das Konstrukt im Controlling mit Blick auf unternehmensspezifische Merkmale und Charakteristika zu operationalisieren, um Maßnahmen zu optimieren und Reputationseffekte wertorientiert nachvollziehen zu können. Klare Botschaften sind dabei unerlässlich. Akzeptanz und organisationales Commitment können nur gefördert werden, wenn aufgezeigt wird, welchen konkreten wertschöpfenden Nutzen Reputation bildet. Mit diesen Ergebnissen wiederum können sich Führungskräfte und Mitarbeiter identifizieren, die ihre positive Einstellung zum Unternehmen auf Kunden und potenzielle neue Mitarbeiter übertragen können.

Abb. 1.3 Die zehn goldenen Regeln für erfolgreiches Reputationsmanagement. (Quelle: Runge und Ternès 2014)

1. Strukturiertes Vorgehen
2. Klare, einfache und konkrete Strategie
3. Emotionale Einbindung aller Stakeholder
4. Rechtliche und objektive Prüfung
5. Organisation von Multiplikatoren
6. Klare Botschaften
7. Nutzung von passenden Kanälen und Methoden
8. Andauernder Prozess
9. Qualitätssicherung
10. Passgenauigkeit der Zielgruppe

Die beste Reputationsmanagementstrategie ist wertlos, wenn sie nicht von allen Beteiligten gelebt und effektiv in der Organisationsstruktur verankert wird. Umso entscheidender ist es, bereits zu Beginn der Maßnahmen Entscheidungsträger und Mitarbeiter für dieses erfolgskritische Thema zu sensibilisieren.

Entscheidend ist zudem, während des gesamten Prozesses die zehn goldenen Regeln für erfolgreiches Reputationsmanagement zu befolgen (Abb. 1.3).

Gutes Reputationsmanagement erfordert einzelne, perfekt aufeinander abgestimmte Schritte, die sich gegenseitig perfekt ergänzen – zum Aufbau, zur Erhaltung und zur Verbesserung einer positiven Unternehmensreputation.

Eine externe Strategieberatung kann dabei helfen, diese Schritte korrekt und effizient umzusetzen, indem sie das nötige Know-how sowie objektiven Input, neue Lösungsansätze und frische Ideen in das Unternehmen bringt. Dann steht dem guten Ruf nichts mehr im Wege.

Literatur

Bauer, M. (2011). Wir sind Einzelfall. www.wir-sind-einzelfall.de. Zugegriffen: 25. Juli 2014.

BITKOM Bundesverband Informationswirtschaft, Telekommunikation und neue Medien e. V. (Hrsg.). (2012). Social Media in deutschen Unternehmen. Online-Beitrag auf bitkom. org. http://www.bitkom.org/files/documents/Social_Media_in_deutschen_Unternehmen.pdf. Zugegriffen: 9. Okt. 2014.

Bughin, J., Chai, M., & Miller, A. (2009, Sept.) How companies are benefitting from Web 2.0. McKinsey Global Survey Results. McKinsey Quarterly. http://www.mckinsey.com/

insights/business_technology/how_companies_are_benefiting_from_web_20_mckinsey_global_survey_results. Zugegriffen: 25. Juli 2014.

Burkhardt, R. (2008). *Reputation management in small and medium-sized enterprises. Analysis and evaluation of the use of reputation management. A survey of small and medium-sized enterprises in Germany.* Hamburg: Diplomica-Verlag.

Employer Branding- der Weg zur Arbeitgebermarke. Als IT-Arbeitgeber attraktiver und wettbewerbsfähiger werden – ein Leitfaden für die betriebliche Praxis. Fassung vom 14. April 2007. Deutsche Employer Branding Akademie (DEBA). (2006). http://www.employerbranding.org/. Zugegriffen: 25. Juli 2014.

Fombrun, C. (2001). Corporate reputation – its measurement and management. *Thexis, 18,* 23–26.

Fombrun, C., & Shanley, M. (1990). What's in a name? Reputation and corporate strategy. *Academy of management journal, 33,* 233–258.

Hall, R. (1992). The strategic analysis of intangible resources. *Strategic Management Journal, 2,* 10–17.

IBM Studie: Soziale Netzwerke beeinflussen mehr als die Hälfte der Käufer bei Ihrer Entscheidung – sogar im Ladengeschäft. (2011, 06. Sept.). Online Beitrag auf ibm.com. Newsroom. https://www-03.ibm.com/press/de/de/pressrelease/35352.wss. Zugegriffen: 24. Juli 2014.

Media Entrepreneurs Day. (2012). Axel Springer. http://www.media-entrepreneurs.de/#data. Zugegriffin: 23. Juli 2014.

Petersen, R. (2012, 20. Aug.). 26 Social media secrets skittles knows. BarnRaisers. http://barnraisersllc.com/2012/08/26-social-media-secrets-skittles/s. Zugegriffen: 25. Juli 2014.

Risk Management. A Driver of Enterprise Value in the Emerging Environment. (2011). Online Beitrag auf kpmg.com, 2011. http://www.kpmg.com/IN/en/IssuesAndInsights/ThoughtLeadership/KPMG_Risk_Management_Survey_2011_1.pdf. Zugegriffen: 24. Juli 2014.

Schürmann, P. (2006). Mehrwert dank geschärften Sinnen. Bilanz 12, 51 ff.

Schwalbach, J. (2000). Image, Reputation und Unternehmenswert. In B. Bearns & J. Raupp. (Hrsg.), *Information und Kommunikation in Europa* (S. 285–294). Berlin: Vistas Verlag.

Zollondz, A. (2012, 2. Aug.). Vodafone: Shitstorm auf Facebook durch Kundin. Klage über Kundenservice. Netzwelt. http://www.netzwelt.de/news/93220-vodafone-shitstorm-facebook-kundin.html. Zugegriffen: 25.Juli 2014.

State of the Art des Reputationsmanagements im Bereich Stiftungen, Verbände und Vereine

2014 sind im Bundesgebiet insgesamt 691 Stiftungen neu gegründet worden – gut 3 % mehr als 2013 (Walbröhl 2015). Ende 2014 gab es laut dem Bundesverband deutscher Stiftungen (BDS) insgesamt 20.784 Stiftungen bürgerlichen Rechts in Deutschland – durchschnittlich eine Stiftung pro 4000 Einwohner (Walbröhl 2015). Überwiegend Menschen höheren Alters treten als Stifter in Erscheinung. „Stifter über 50 Jahre sind überproportional vertreten", so BDS-Sekretär Hans Fleisch (Walbröhl 2015). Die drei größten gemeinnützigen Stiftungen in Deutschland sind die Else-Kröner-Fresenius-Stiftung mit einem Kapital von 5,5 Mrd. €, die Robert-Bosch-Stiftung mit 5,2 Mrd. € Kapital sowie die Dietmar-Hopp-Stiftung mit 4,5 Mrd. € Kapitalgrundlage (Walbröhl 2015).

Nach den offiziellen Daten der DGVM (Deutsche Gesellschaft für Verbandsmanagement e. V.) und des Deutschen Verbände Forums – verbaende.com gab es in Deutschland im Jahr 2012 rund 15.000 Verbände. Hierzu zählen auch die Kammern, Innungen und andere Körperschaften des öffentlichen Rechts. Rund 8500 Verbände verfügen über eine hauptamtlich geführte Geschäftsstelle. Ende 2013 hatten etwa 1500 Verbände ihren Erst- oder einen Nebensitz in Berlin (Deutsches Verbände Forum 2014; Abb. 2.1.).

Die DGVM teilt die deutschen Verbände in die fünf Handlungsfelder (vgl. Deutsches Verbände Forum 2014):

1. Arbeit und Wirtschaft (mit einem Anteil von ca. 50 % an der Gesamtzahl der Verbände)
2. Gesellschaft und Politik (ca. 11 %)
3. Freizeit und Kultur (ca. 9 %)
4. Bildung und Wissenschaft (ca. 10 %)
5. Gesundheit und Soziales (ca. 20 %)

© Springer Fachmedien Wiesbaden 2016

A. Ternès, C. Runge, *Reputationsmanagement*, essentials,

DOI 10.1007/978-3-658-10864-9_2

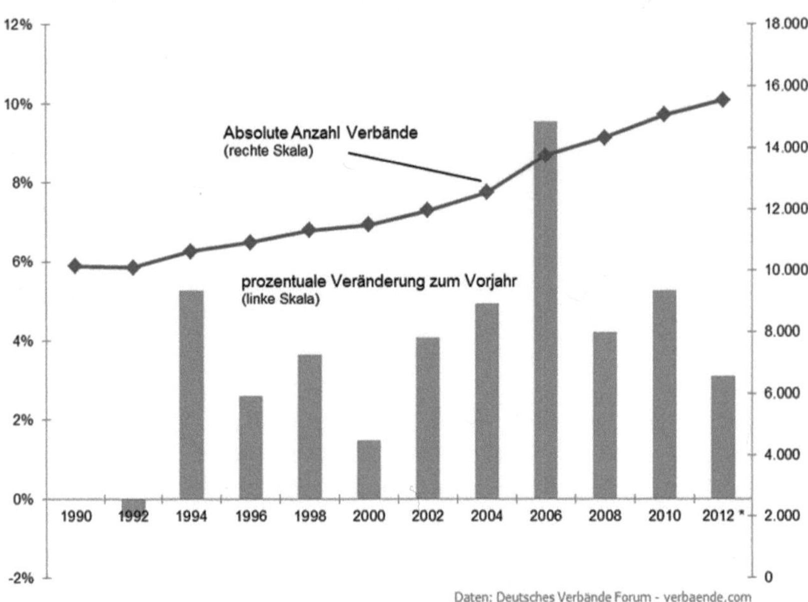

Abb. 2.1 Entwicklung der haupt- und nebenamtlich geführten Verbände in Deutschland seit 1990. Eine Schätzung des Deutschen Verbände Forums. (Quelle: Deutsches Verbände Forum 2012)

Millionen von Bundesbürgern sind in Verbänden organisiert. Sportvereine, Mietervereine und der ADAC verzeichnen Mitgliederzahlen in Millionenhöhe (Abb. 2.2).

Einfluss und Bedeutung eines Verbandes lassen sich jedoch nicht alleine an seiner Mitgliederzahl oder dem zur Verfügung stehenden Jahresbudget festmachen. Eine wichtige Rolle spielen Bekanntheitsgrad, Verbandstyp (Personen- oder Institutionenverband bzw. Landes- oder Bundesverband, Spitzenverband, Zentralverband oder Gesamtverband), Umfang und Qualität der Öffentlichkeitsarbeit sowie die ausgeübte Funktion und die Wichtigkeit der jeweiligen Branche für die deutsche Wirtschaft (Deutsches Verbände Forum 2014).

Derzeit gibt es rund 600.000 Vereine in Deutschland – seit 1970 hat sich diese Summe verfünffacht (Immer mehr Vereine, immer weniger Mitglieder 2014). Nach einer Erhebung der Zivilgesellschaft in Zahlen (ZiviZ) gab es Mitte 2014 exakt 580.294 Vereine in der Bundesrepublik. Hauptbetätigungsfelder sind Sport, Bildung und Erziehung, Gesundheitswesen und soziale Dienste. Die mit Abstand meisten Vereine gibt es in Bayern und Baden-Württemberg (Abb. 2.3).

→ Deutscher Olympischer Sportbund, 27.000.000 Mitglieder (in 90.000 Turn- und Sportvereinen der 95 Mitgliedsorganisationen)

→ ADAC Allgemein Deutscher Automobil-Club e.V., 15.758.661 Mitglieder (in Regional- und Ortsclubs)

→ Deutscher Fußballbund (DFB), 6.300.000 Mitglieder (in 26.000 Mitgliedsvereinen)

→ Landessportbund Nordrhein-Westfalen, 5.112.115 Mitglieder (in 19.976 Vereinen)

→ Deutscher Turner-Bund (DTB), 5.068.417 Mitglieder (in 20.368 Mitgliedsvereinen)

→ Deutsches Rotes Kreuz e.V. (DRK), 4.460.639 Mitglieder

→ Bayerischer Landes-Sportverband e.V., 4.209.480 Mitglieder (in 11.581 Vereinen)

→ Landessportverband Baden-Württemberg e.V., 3.754.572 Mitglieder (in 11.390 Mitgliedsvereinen)

→ Deutscher Tennis Bund (DTB), 1.658.803 Mitglieder (in 9.945 Tennisvereinen)

→ Westdeutsche Fußball- und Leichtathletikverband e. V. (WFLV), 1.500.000 Mitglieder (in etwa 7.000 Vereinen)

→ Landessportbund Rheinland-Pfalz e.V., 1.478.884 Mitglieder (in 6.271 Vereinen)

→ Deutscher Schützenbund e.V., 1.475.962 Mitglieder

→ Sozialverband VDK, 1.400.000 Mitglieder

→ Deutscher Mieterbund e.V. (DMB), 1.200.000 Mitglieder (in ca. 322 Regional- und Ortsvereinen)

Abb. 2.2 Verbände-Ranking in Deutschland: Die mitgliederstärksten Verbände in Deutschland (Auswahl). (Quelle: Deutsches Verbände Forum 2014)

Die FAZ schreibt zum Thema Vereine in Deutschland:

Treffen sich drei Deutsche, gründen sie einen Verein. Das Bonmot unterschlägt zwar, dass es nach dem Vereinsrecht mindestens sieben Mitglieder bedarf, um ins amtliche Register eingetragen zu werden. Aber das ändert nichts am Wahrheitsgehalt: Im Kern ist und bleibt der Deutsche ein Vereinsmeier (Mihm 2013).

Dennoch: Die Anzahl der Bundesbürger, die Mitglied in einem der zahlreichen Vereine sind, sinkt seit Jahren kontinuierlich. Waren 1990 noch 62 % der Bundesbürger Mitglied in wenigstens einem Verein, war es im Jahr 2000 bereits nur noch eine knappe Mehrheit von 53 % (Immer mehr Vereine, immer weniger Mitglieder 2014). Eine Untersuchung der BAT-Stiftung für Zukunftsfragen, für die über 3000 Bundesbürger ab 14 Jahren repräsentativ befragt wurden, kam 2014 zu dem Ergebnis, dass aktuell nur noch 44 % der Deutschen Mitglied in einem Verein sind (Immer mehr Vereine, immer weniger Mitglieder 2014). Laut Eckhard Priller vom Wissenschaftszentrum Berlin (WZB) haben 80 % der Vereine Probleme mit der Mitgliedergewinnung (Mihm 2013).

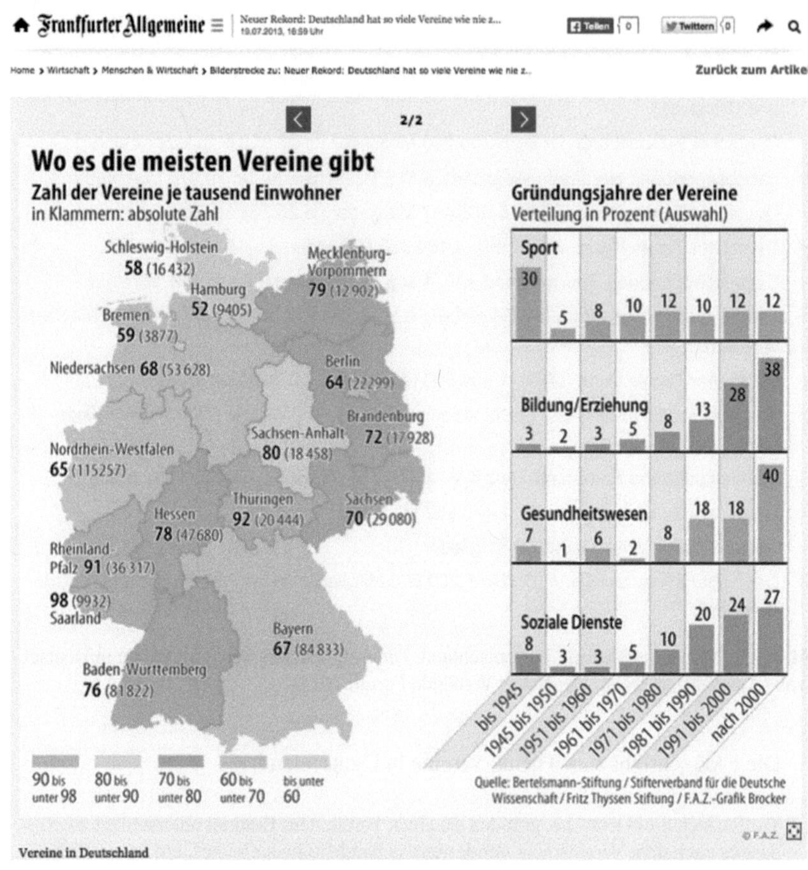

Abb. 2.3 Vereine in Deutschland. (Quelle: Mihm 2013)

Umso wichtiger ist es, für eine nachhaltig gute Reputation des Vereins zu sorgen, um Mitglieder nicht zu verprellen und zu verlieren, sondern neue hinzuzugewinnen.

Stiftungen, Verbände und Vereine nehmen nach Anzahl und Funktion einen wichtigen Stellenwert im öffentlichen Leben ein. Und: Auch sie haben Markenwerte, die es zu schützen gilt. Gerade, wenn soziale, wohltätige und philanthropische Ziele verfolgt werden, ist der gute Ruf von immenser Wichtigkeit.

Stiftungen, Verbände und Vereine stehen verstärkt im Fokus der Öffentlichkeit. Zur bestmöglichen Vertretung ihrer Interessen ist die Darstellung eigener Positionen ein zentraler Aspekt der Öffentlichkeitsarbeit dieser Institutionen – ob über das Internet oder über die klassischen Massenmedien. Um die eigene Sache gut voranzutreiben und sich möglichst viel Unterstützung zu sichern, ist es schließlich wichtig und hilfreich, möglichst große Aufmerksamkeit zu erlangen. Dass hiermit auch Gefahren verbunden sind, wird dabei allzu häufig vergessen. Ein klarer eigener Standpunkt wird niemals von allen geteilt. Kontroverse und hitzige Diskussionen können schnell zu inhaltlichen Anfeindungen und mutwilligen Falschdarstellungen führen.

Was im Bereich Stiftungen, Verbände und Vereine mehr zählt als alles andere, ist das Vertrauen in die Organisation und deren Integrität. Gerade hier definiert sich der langfristige Erfolg des Reputationsmanagements nicht nur an direkt messbaren Ergebnissen, sondern insbesondere über Glaubwürdigkeit. Nur durch eine selbst empfundene Verpflichtung zur Transparenz und ein stets aktuelles, ehrliches Informationsangebot für die Öffentlichkeit kann Glaubwürdigkeit erreicht werden. Denn diese Öffentlichkeit ist es, welche die Arbeit gemeinnütziger Stiftungen durch deren Steuerbefreiung mitträgt – und die ihnen deshalb vertrauen können sollte. Nichts ist schlimmer als eine verschwiegene Verstrickung, ein Skandal über die angebliche Veruntreuung von Spendengeldern, der Vorwurf der Bestechlichkeit oder der bewussten Täuschung der Öffentlichkeit. Wer glaubwürdige und vertrauensvolle Arbeit leistet, möchte dies in der öffentlichen Wahrnehmung auch so wiedergegeben sehen und nicht schutzlos der Willkür des Internets ausgeliefert sein. Und sollte einmal tatsächlich etwas im Argen liegen, kann nur schnelles Handeln einen massiven Reputationsschaden verhindern.

Eine besondere Herausforderung besteht darin, in den vielfältigen Kommunikationskanälen im Online-Bereich alle Bewegungen im Blick zu haben und nicht den Überblick zu verlieren. Allzu schnell entgeht vielleicht gerade der entscheidende negative Facebook-Post der Aufmerksamkeit – mit unkalkulierbaren Folgen.

Dann ist ein professioneller Partner an der Seite wichtig und unersetzlich, der das Bild der Institution in der Öffentlichkeit stets umfassend im Blick hat, die Dinge vorausschauend lenkt und bei Bedarf rechtzeitig eingreift und gegensteuert.

Negative Beiträge über die eigene Stiftung oder den eigenen Verband oder Verein auf die leichte Schulter zu nehmen, ist gefährlich – und sollten diese noch so unbegründet und haltlos sein. Behauptungen ohne Substanz lassen sich mit den richtigen, konsequent angewandten Mitteln schnell und wirkungsvoll von außen beeinflussen und können so erst gar keinen Schaden anrichten. Sorglos mit negativen Meldungen und Behauptungen umzugehen, kann im Extremfall hingegen sogar dazu führen, dass die Unterdrückung oder Entfernung von unerwünschten Informationen erst recht eine große öffentliche Aufmerksamkeit nach sich zieht und die die eigene Organisation in einem noch viel schlechteren Licht erscheinen lässt – ein Phänomen, das nach der US-amerikanischen Sängerin Barbra Streisand auch als „Streisand-Effekt" bezeichnet wird (Kläner 2011). Streisand hatte 2003 den Umwelt-Fotografen Kenneth Adelman und die Website Pictopia.com erfolglos auf 50 Mio. US-Dollar Schadenersatz verklagt, weil eine Luftaufnahme ihres Hauses zwischen 12.000 anderen Fotos von der Küste Kaliforniens auf der Pictopia-Website zu finden war (Silverman 2003). Durch ihre Klage stellte die Sängerin jedoch erst die Verbindung zwischen sich und dem abgebildeten Gebäude her, woraufhin sich das Foto nach dem Schneeballprinzip im Internet verbreitete. Bevor Streisand ihre Klage anstrengte, war „Image 3850" lediglich sechsmal heruntergeladen worden, davon gingen zwei Downloads auf das Konto von Streisands Anwälten (Superior Court of The State of California 2003). Als Ergebnis der öffentlichen Klage besuchten mehr als 420.000 Personen die Website (Rogers 2003).

Auch der französische Geheimdienst blamierte sich jüngst durch besonders schlechte Krisen-Intervention. Ein Beitrag über eine militärische Funkstation auf der französischen Wikipedia-Präsenz wurde so ungeschickt zu löschen versucht, dass der Artikel, der zuvor sehr selten gelesen wurde, allein in seiner französischen Version innerhalb weniger Tage mehr als 30.000-mal angeklickt und zudem in elf Sprachen übersetzt wurde (Fuest 2013).

Selbst eine gut beleumundete NGO wie der WWF wurde 2011 von einer Protestwelle überrollt, als er die Publikation eines sogenannten „Schwarzbuches" (Huismann 2012) gerichtlich verbieten lassen wollte, das kritisch über die Tierschutzorganisation berichtete (Langenau 2012). Daraufhin wurde im Netz spekuliert, was der WWF wohl zu verbergen habe. Die Glaubwürdigkeit der Organisation stand ernsthaft auf dem Spiel (Friedrichs 2011). Erst nach einem außergerichtlichen Vergleich des WWF mit der Verlagsgruppe Random House und dem Autor Wilfried Huismann, nach dem das Buch an 21 Stellen umfassend überarbeitet wurde, legte sich im Netz die Aufregung über den Fall (Langenau 2012). Inzwischen betreibt der WWF auf seiner Internetpräsenz sehr geschickte Aufklärung über die Problematik, die als vorbildliches Beispiel für gutes Reputationsmanagement gelten darf (Abb. 2.4).

Gelungenes, professionelles Online-Reputationsmanagement erfordert Fingerspitzengefühl und vor allem Weitsicht, um nicht eine Situation außer Kontrolle geraten zu lassen, die durch richtiges Handeln von Beginn an leicht kontrollierbar gewesen wäre. Es ist keinesfalls nur als Troubleshooting bei akutem Bedarf zu verstehen, sondern erfordert eine kontinuierliche, proaktive Begleitung des öffentlichen Auftritts und des medialen Echos bis in die kleinsten Winkel des Internets. Ob eine negative Meldung auf der ersten Seite des Online-Auftrittes einer großen Tageszeitung oder in einem Facebook-Post oder einem noch unbekannten Blog veröffentlich wird, scheint zwar zunächst einmal einen entscheidenden Unterschied zu machen. Nur: Bei der rasanten Geschwindigkeit, mit der sich Informationen im

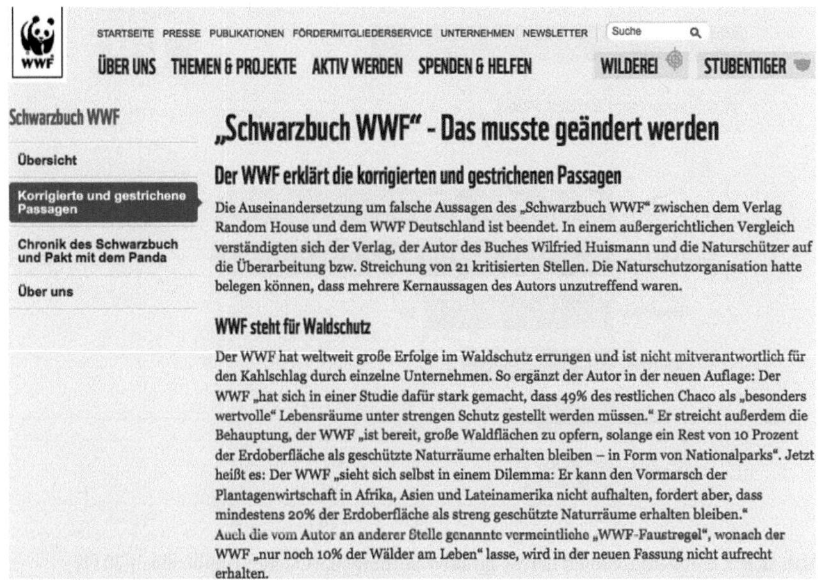

Abb. 2.4 „Schwarzbuch WWF" – Das musste geändert werden. (Quelle: WWF 2015)

World Wide Web verbreiten, kann auch aus einem scheinbar zu vernachlässigenden Tweet ein ausgewachsener Shitstorm erwachsen. Gut, wenn es dann jemanden gibt, dem diese entscheidende Meldung nicht entgeht.

Die mit Mitteln der VolkswagenStiftung Hannover entstandene Studie „Forschungsfördernde Stiftungen in der Wahrnehmung ihrer Stakeholder" des Instituts für Kommunikationswissenschaft der Technischen Universität Dresden führte im Mai 2013 eine Befragung von 5000 Personen in jenen Kreisen durch, die zu den wichtigsten Anspruchsgruppen wissenschaftsfördernder Stiftungen zählen. Unter den Befragten dieser 360-Grad-Stakeholderanalyse waren Angehörige der Wissenschaftsgemeinschaft, Antragsteller und Gutachter der Stiftungen, Akteure aus Wirtschaft und Politik, die Bevölkerung, Stiftungsakteure und -mitarbeiter sowie Wissenschaftsjournalisten. Analysiert wurden Kenntnisse zu Images und konkrete Erfahrungen mit Stiftungen. Zudem analysierten die Forscher über 1000 Presseartikel, um zu ermitteln, mit welchen Themen und Tendenzen die Stiftungen in den Medien präsent sind (Donsbach et al. 2013). Zwar zeigten sich bei den Stakeholdern zum Teil erhebliche Wissens- und Wahrnehmungslücken, die sich in einigen Fällen auf die Bewertungsfragen, wie etwa zur Unabhängigkeit einer Stiftung, auswirkten, was nicht zuletzt auch auf eine Vermischung von Konzern-Image und Stif-

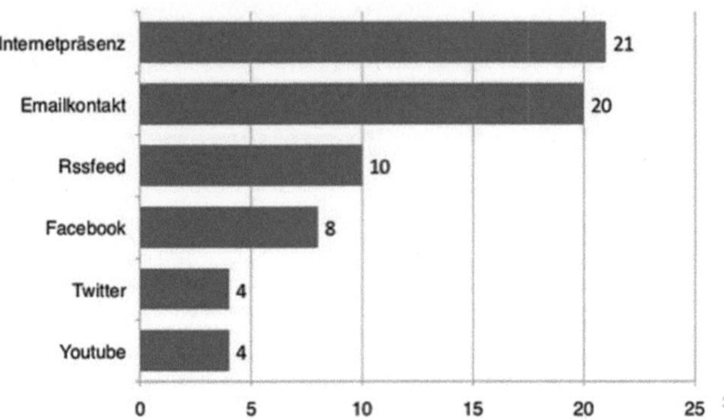

Abb. 2.5 Online-Aktivitäten der 21 größten Stiftungen. (Quelle: Breidenbach 2011)

tung zurückzuführen war – so bei der VolkswagenStiftung, die trotz ihres Namens keine Unternehmensstiftung ist, sondern autark agiert und entscheidet (Donsbach et al. 2013). Trotz gewisser Wissensdefizite sahen die Stakeholder forschungsfördernde Stiftungen jedoch als nützlich und kompetent an. Was allerdings negativ auffiel, war, dass sich beim Bekanntheitsgrad vieler Stiftungen erheblicher Verbesserungsbedarf zeigte (Donsbach et al. 2013). Die Autoren der Studie empfehlen eine weitere Verstärkung der Öffentlichkeitsarbeit der Stiftungen (Donsbach et al. 2013). Die großen Stiftungen in Deutschland verfügen fast alle über eigene Internetpräsenzen, die hierzu als Podium dienen können (Abb. 2.5).

Bei kleineren Förderstiftungen bietet sich hinsichtlich der Online-Präsenz ein anderes Bild. Der Großteil von ihnen, 69,5 %, verfügte noch im Jahr 2010 über keine eigene Internetpräsenz (Statistisches Bundesamt 2010). Doch gerade wenn jüngere Zielgruppen erreicht werden sollen, bedarf es einer aktiven Präsenz im Web.

Kleine und mittelgroße Stiftungen verfügen zumeist über geringere Erträge als die großen Brüder und Schwestern und damit über ein beschränktes Budget für Internetaktivitäten. Umso wichtiger ist hier deshalb ein planvolles, überlegtes Vorgehen. Allerdings weisen aktuelle Umfragewerte stark darauf hin, dass Stakeholder eine stiftungseigene Homepage als Visitenkarte einer Stiftung im Netz schlicht als selbstverständlich voraussetzen. In einer Umfrage der dpa-Tochter news aktuell

Diese Statistik zeigt das Ergebnis einer Umfrage in Deutschland zum Besuchen der Profilseiten von politischen Parteien, Verbänden oder Interessengruppen in sozialen Netzwerken von 2013 bis 2014. Im Jahr 2013 gab es in der deutschsprachigen Bevölkerung ab 14 Jahre rund 2,69 Millionen Personen, die Mitglied eines sozialen Netzwerks waren und Profilseiten von politischen Parteien, Verbänden oder Interessengruppen besuchten.

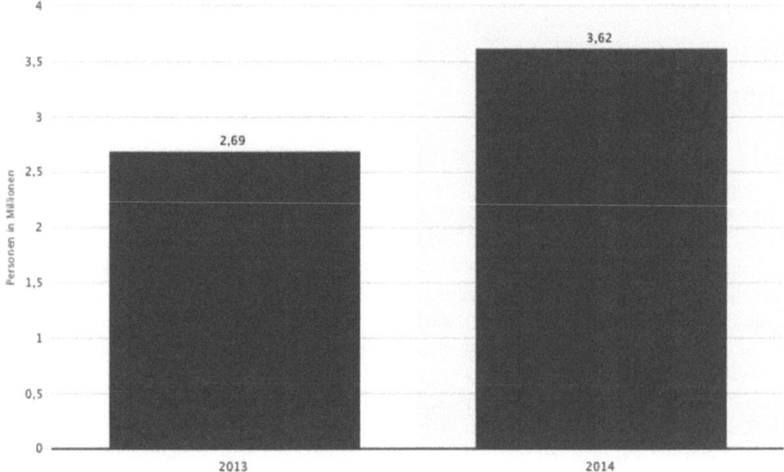

Abb. 2.6 Anzahl der Mitglieder von sozialen Netzwerken, die Profilseiten von Parteien, Verbänden oder Interessengruppen besuchen. (Quelle: Statista 2015)

im Oktober 2013 gaben 78 % der befragten 2217 Journalisten an, die Homepage einer Organisation sei bei einer Recherche ihr erster Anlaufpunkt (na. news aktuell 2013). Sie ist also eine Chance für einen großen Auftritt, die genutzt werden sollte.

Ähnliche Aussagen lassen sich auch für Verbände treffen. So stieg beispielsweise die Anzahl der Mitglieder von sozialen Netzwerken, die Profilseiten von Parteien, Verbänden oder Interessengruppen besuchen, von 2013 bis 2014 von 2,69 Mio. auf 3,62 Mio. stark an (Abb. 2.6) – ein Trend, der sich wohl so fortsetzen dürfte.

Blinder Aktionismus ist hier jedoch eindeutig fehl am Platz. Die pure Masse an Personen, die soziale Netzwerke nutzen, ist keinesfalls ein Garant für den Erfolg von Stiftungsseiten. Unterschiedliche soziale Kanäle adressieren eine nach Alter und Interessen unterschiedliche Teilöffentlichkeit. Bei der Kommunikation in sozialen Medien ist es unerlässlich, im ersten Schritt konkrete Ziele und Zielgruppen zu definieren sowie passgenaue Inhalte und Maßnahmen festzulegen. Nur wenn eine Stiftung oder ein Verband dauerhaft fundierte Inhalte einbringt, die die anvisierte Teilöffentlichkeit interessieren, wird sich ein Erfolg einstellen. Transparenz,

Vertrauen, Schnelligkeit und Dialog auf Augenhöhe sind für den Erfolg in sozialen Medien und eine gute Online-Reputation unerlässlich. Dennoch zählen diese Qualitäten noch nicht unbedingt in jeder Stiftung und jedem Verband zur gelebten Organisationskultur. Hier muss planend und vorausschauend agiert werden, um sichere Erfolge im Aufbau und Schutz einer guten Reputation zu erzielen.

Literatur

Breidenbach, J. (2011). Wie können Stiftungen soziale Medien nutzen? In: betterplace-lab. org, 29. 09. 2011. http://www.betterplace-lab.org/de/blog/wie-konnen-stiftungen-digitale-medien-nutzen. Zugegriffen: 14. Feb. 2015.

Deutsches Verbände Forum. (2012). Entwicklung der haupt- und nebenamtlich geführten Verbände in Deutschland seit 1990. Eine Schätzung des Deutschen Verbände Forum (2012). In Deutsches Verbände Forum, verbaende.com, Schätzung Dezember 2011, Zahlen für 2012 Prognose. http://www.verbaende.com/media/dvf/images/ZunahmeVerbaende_in_Deustchland-seit_1990.png. Zugegriffen: 14. Feb. 2015.

Deutsches Verbände Forum. (2014). Die Anzahl der haupt- und nebenamtlich geführten Verbände – Entwicklung seit 1990. In Deutsches Verbände Forum – verbaende.com, Datenbestand 31.03.2014. http://www.verbaende.com/hintergruende/studien-statistiken.php. Zugegriffen: 14. Feb. 2015.

Donsbach, W., Brade, A.-M., Trosse, R., Mothes, C., & Meyer, T. (2013). Forschungsfördernde Stiftungen in der Wahrnehmung ihrer Stakeholder. Institut für Kommunikationswissenschaft Technische Universität Dresden. In volkswagenstiftung.de. 05. 2013. http://www.volkswagenstiftung.de/fileadmin/downloads/publikationen/Forschungsfoerdernde_Stiftungen_in_der_Wahrnehmung_ihrer_Stakeholder.pdf. Zugegriffen: 14. Feb. 2015.

Friedrichs, M. (2011). Der Pakt mit dem Panda: PR-Desaster beim WWF. Um 18 Uhr war der Dialog zu Ende. In michaelfriedrichs.de. 23.06.2011. http://www.michaelfriedrichs. de/pakt-panda-pr-desaster-wwf/. Zugegriffen: 14. Feb. 2015.

Fuest, B. (2013). Geheimdienst blamiert sich mit Wikipedia-Löschung. In Die Welt. 07.04.2013. http://www.welt.de/wirtschaft/webwelt/article115081325/Geheimdienst-blamiert-sich-mit-Wikipedia-Loeschung.html. Zugegriffen: 12. Feb. 2015.

Huismann, W. (2012). Schwarzbuch WWF. Dunkle Geschäfte im Zeichen des Panda. Gütersloher Verlagshaus.

Immer mehr Vereine, immer weniger Mitglieder. (2014). In Forschung aktuell. 254, 35. Jg., 16.04.2014. http://www.stiftungfuerzukunftsfragen.de/de/newsletter-forschung-aktuell/254. html. Zugegriffen: 31. März 2015.

Kläner, T. (2011). Was ist eigentlich der Streisand-Effekt? In Telemedicus Recht der Informationsgesellschaft. 21.04.2011. http://www.telemedicus.info/article/1989-Was-ist-eigentlich-der-Streisand-Effekt.html. Zugegriffen: 13. Feb. 2015.

Langenau, L. (2012). Grünwaschanlage bleibt Grünwaschanlage. In sueddeutsche.de. 26.07.2012.   http://www.sueddeutsche.de/medien/einigung-im-streit-um-schwarzbuch-wwf-gruenwaschanlage-bleibt-gruenwaschanlage-1.1423287. Zugegriffen: 14. Feb. 2015.

Mihm, A. (2013). Neuer Rekord. Deutschland hat so viele Vereine wie niemals zuvor. In FAZ. 19. 07. 2013. http://www.faz.net/aktuell/wirtschaft/menschen-wirtschaft/neuer-rekord-deutschland-hat-so-viele-vereine-wie-nie-zuvor-12288289.html. Zugegriffen: 30. März 2015.

na. news aktuell. (2013). „Recherche 2014". In newsaktuell.de. 10.2013. http://www.newsaktuell.de/blog/2014/02/03/mobil-und-multimedial-ergebnisse-unserer-journalistenumfrage-recherche-2014-und-was-pressestellen-und-pr-agenturen-daruber-wissen-sollten/. Zugegriffen: 14. Feb. 2015.

Rogers, P. (2003). Streisand's home becomes hit on Web. In the Mercury News. 24.01.2003. http://www.californiacoastline.org/news/sjmerc5.html. Zugegriffen: 12. Feb. 2015.

Silverman, S. M. (2003). Streisand Sues over Photos of Home. In People.com. 06.02.2003. http://www.people.com/people/article/0,,626182,00.html. Zugegriffen: 13. Feb. 2015.

Statista. (2015). Anzahl der Mitglieder von sozialen Netzwerken, die Profilseiten von Parteien, Verbänden oder Interessengruppen besuchen. In Statista.de. 2015. http://de.statista.com/statistik/daten/studie/282517/umfrage/soziale-netzwerke–profilseiten-von-verbaenden-und-parteien-besuchen/. 14. Feb. 2015.

Statistisches Bundesamt. (2010). Internetpräsenz von Förderstiftungen. In Die Zeit. Stiftungs-Spezial. 22.06.2011.

Superior Court of The State of California. County of Los Angeles. West District. (2003). Case No. SC 077 257. http://www.californiacoastline.org/streisand/slapp-ruling-tentative.pdf. Zugegriffen: 12. Feb. 2015.

Walbröhl, T. (2015). Wohlhabende Deutsche gehen stiften. Tagesspiegel, 12.02.2015 Nr, 22(312), 17.

WWF. (2015). „Schwarzbuch WWF" – Das musste geändert werden. In wwf.de. Stand. http://www.wwf.de/schwarzbuch-wwf/korrigierte-und-gestrichene-passagen/. Zugegriffen: 14. Feb. 2015.

ADAC

Wie selbst ein über Jahrzehnte hinweg hoch angesehener und fest im Alltagsbewusstsein verankerter Verein quasi über Nacht in eine Reputations-Katastrophe abrutschen kann, zeigt das Beispiel des ADAC – mit fast 19 Mio. Mitgliedern der größte Verein Deutschlands (Liste an Enthüllungen 2014).

Alles begann mit einem Bericht der „Süddeutschen Zeitung" über Manipulationen bei der Wahl zum „Lieblingsauto der Deutschen", dem ADAC-Autopreis „Gelber Engel" (Obermeier und Ritzer 2014). ADAC-Kommunikationschef Michael Ramstetter sollte danach die Abstimmungszahlen bei der Wahl manipuliert haben („Gelber Engel": Manipulationsversuch beim ADAC-Autopreis 2014).

Der ADAC bestritt diese Vorwürfe zunächst. Auf der Preisverleihung des „Gelben Engel" am 16. Januar bezeichnete ADAC-Geschäftsführer Karl Obermair den „SZ"-Bericht als „kompletten Unsinn" und nannte ihn einen „Skandal für den Journalismus". Obermair tat die Vorwürfe als „Unterstellungen und Unwahrheiten" ab und spottete sogar, nichts sei älter als die Tageszeitung von gestern: „Mit der packt man den Fisch ein." Immerhin seien die vier Buchstaben des ADAC richtig abgedruckt worden (ADAC-Manipulations-Skandal 2014).

Eine Veröffentlichung der Abstimmungszahlen erfolgte indes nicht (Hengst et al. 2014). Zwei Tage nach diesem Dementi gab Kommunikationschef Ramstetter zu, bei der Angabe der Stimmzahlen tatsächlich betrogen zu haben. Aus 3409 abgegebenen Stimmen für das Siegerauto zauberte er kurzerhand 34.299. Der „Süddeutschen Zeitung" sagte Ramstetter, er habe „Scheiße gebaut" (Gefälschte Stimmzahlen: ADAC gibt Manipulation bei Autopreis „Gelber Engel" zu 2014). Von seinen Ämtern als oberster Pressesprecher und Chefredakteur der ADAC-Mitgliederzeitung „Motorwelt" trat er am 18.01.2014 zurück (Gefälschte Stimmzahlen: ADAC gibt Manipulation bei Autopreis „Gelber Engel" zu 2014).

© Springer Fachmedien Wiesbaden 2016
A. Ternès, C. Runge, *Reputationsmanagement,* essentials,
DOI 10.1007/978-3-658-10864-9_3

ADAC-Geschäftsführer Obermair entschuldigte sich wenige Tage später öffentlich und gab zu, dass Ramstetter bereits in den Jahren zuvor die Stimmzahlen beim „Gelben Engel" gefälscht hatte. In einem Interview mit „Spiegel Online" sagt er, der Verein habe von Ramstetter direkt nach dem Bekanntwerden der Vorwürfe die exakten Zahlen zu den Abstimmungen angefordert (Hucko und Stockhuber 2014). Dieser sei jedoch, so wörtlich, „nicht zu greifbar" gewesen (Hucko und Stockhuber 2014). Obermair kündigte an, allen Vorwürfen genau nachzugehen (Hucko und Stockhuber 2014).

An ADAC-Präsident Peter Meyer hingegen prallten Rücktrittsforderungen zunächst komplett ab. Meyer bezeichnete sich vielmehr selbst als „Garant für die Aufklärung" des Skandals (Rücktritt ausgeschlossen: ADAC-Präsident sieht sich als Garant der Aufklärung 2014). Der „Bild"-Zeitung gegenüber äußerte Meyer auf die Frage, ob er selbst über einen Rücktritt nachgedacht habe: „Nein. Wenn der Wind von vorne kommt, muss man das auch mal aushalten können. Ich bin der Garant für die Aufklärung in der Sache." Eine gewagte These, angesichts der Tatsache, dass zu diesem Zeitpunkt bereits bekannt geworden war, dass die Zahlen für den „Gelben Engel" bereits seit mindestens 2009 geschönt worden waren. Bereits zwischen 2005 bis 2013 war die Rangliste des „Lieblingsautos" der Deutschen einer Untersuchung der Wirtschaftsprüfung Deloitte zufolge in erheblichem Maße manipuliert worden. Sowohl Teilnehmerzahlen als auch die Reihenfolge der Gewinnermodelle seien bewusst verändert worden (ADAC-Skandal. „Gelber Engel" seit 2009 manipuliert 2014). „Für sämtliche Jahre, die wir auswerten konnten, können wir eindeutig belegen, dass sowohl die Teilnehmerzahlen als auch die Stimmergebnisse bei der Wahl zum ‚Lieblingsauto' des ‚Gelben Engels' umfangreich manipuliert wurden", erklärte Deloitte-Experte Frank Marzluf (ADAC-Skandal. „Gelber Engel" seit 2009 manipuliert 2014). „Durch diese bewussten Veränderungen wurde eine größere Markenvielfalt in den Top-5-Ergebnissen erreicht" (ADAC-Skandal. „Gelber Engel" seit 2009 manipuliert 2014).

Der ADAC geriet mit jedem Tag mehr in die Kritik. Und es sollte nicht bei dem Manipulationsskandal um den „Gelben Engel" bleiben. Nach und nach gelangten immer mehr skandalöse Fakten ans Licht.

Am 24.01.2014 kam heraus, dass Präsidiumsmitglieder des ADAC sich in Rettungshubschraubern des Vereins zu verschiedenen Veranstaltungen hatten fliegen lassen (Automobilclub: ADAC-Präsident nutzte Rettungshubschrauber für Dienstreisen 2014). Dies sei in den vergangenen zehn Jahren „weniger als 30 Mal" vorgekommen, wiegelte der ADAC dem Magazin „Stern" gegenüber ab (Automobilclub: ADAC-Präsident nutzte Rettungshubschrauber für Dienstreisen 2014). Die Hubschrauber werden aus Bundesmitteln und Krankenkassenbeiträgen sowie von den ADAC-Mitgliedsbeiträgen und aus Spenden finanziert (Kröger 2014). Die

Präsidiumsmitglieder seien als offizielle Organe dazu berechtigt, für dienstliche Anlässe bei Verfügbarkeit ausschließlich auf Reservemaschinen der Luftrettung zurückzugreifen. Sofern man Hubschrauber für andere Zwecke als den Rettungsdienst verwende, tue man dies im Rahmen der unternehmerischen Verantwortung zur Senkung der Fixkosten (Automobilclub: ADAC-Präsident nutzte Rettungshubschrauber für Dienstreisen 2014). Inwieweit es sich bei den „weniger als 30 Fällen" um solche „Ausnahmefälle" gehandelt hat, wurde hingegen niemals stichhaltig belegt. Nach und nach kam zudem heraus: Nicht nur Präsidiumsmitglieder, auch Vorsitzende der 18 ADAC-Regionalclubs nutzten die Rettungshubschrauber für private Flüge (Automobilclub-Affäre: Auch Regionalchefs nutzten Rettungshubschrauber 2014).

Als Nächstes wurde bekannt, dass der Regionalclub ADAC-Hessen-Thüringen im Jahr 2009 für seinen Geschäftsführer eine Villa im Wert von 1,5 Mio. € auf einem 800 m² großen Grundstück errichtet hatte – finanziert aus Mitgliedsbeiträgen (Hessen-Thüringen: ADAC-Regionalclub baute Villa für Geschäftsführer 2014). Das Haus sei nach seinen persönlichen Vorstellungen errichtet worden, wie dieser bestätigte (Hessen-Thüringen: ADAC-Regionalclub baute Villa für Geschäftsführer 2014). Bereits zu diesem Zeitpunkt sprach der „Spiegel" wenig schmeichelhaft von einem „mittlerweile etwas unheimlichen Verein" (Hengstenberg 2014) (Abb. 3.1).

Doch es sollte noch schlimmer kommen. Präsident Peter Meyer, selbsternannter „Garant der Aufklärung", musste weitere Skandale eingestehen. So bestätigte er u. a. einen Bericht der „Bild am Sonntag", wonach eine Managerin des Autoclubs für ihren Sohn und dessen Freund im Jahr 2012 einen Flug in einem Ambulanz-Jet des ADAC nach Ägypten arrangierte hatte, nachdem die beiden Jungen ihren regulären Flug verpasst hatten (ADAC-Führungsriege: Auch Ambulanzjet wurde privat genutzt 2014). Die Frau gab ihren Job als Geschäftsführerin einer ADAC-Tochterfirma im Februar 2013 auf (ADAC-Führungsriege: Auch Ambulanzjet wurde privat genutzt 2014).

Zudem wurde bekannt, dass ein Hubschrauber des ADAC in Braunschweig dazu genutzt wurde, einen unter Wasser stehenden Fußballplatz mit dem Wind seiner Rotorblätter trocken zu föhnen. Vor der Zweitliga-Partie zwischen Eintracht Braunschweig und Dynamo Dresden im Jahr 2006 hatte der damalige ADAC-Vorsitzende in Niedersachsen und Sachsen-Anhalt, Reinhard Manlik, den Hubschrauber angefordert. Das für die Sicherstellung der Luftrettung zuständige Innenministerium habe den Flug damals gerügt, woraufhin der Einsatz von der Stadt Braunschweig bezahlt worden sei, teilte der ADAC als Entschuldigung mit (ADAC. Hubschrauber trocknete Fußballplatz in Braunschweig 2014).

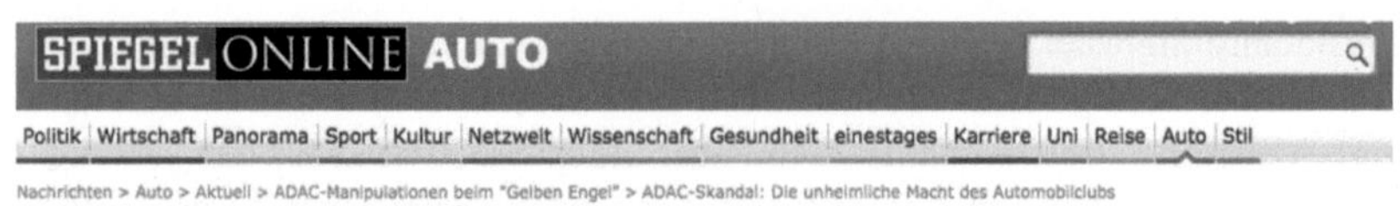

Abgehoben: ADAC- Präsident Meyer (rechts) und Ex-Eurocopter-Chef Lutz Bertling

Tag für Tag gibt es neue Erkenntnisse über die zweifelhaften Geschäftspraktiken des ADAC. Endlich. Denn die Macht des Unternehmens in der Verkleidung eines Vereins war schon seit langem beängstigend.

Abb. 3.1 ADAC – der unheimliche Verein. (Quelle: Hengstenberg 2014)

Am 10. Februar 2014 legte Präsident Peter Meyer unter großem öffentlichen Druck sein Amt nieder. Zur Begründung gab Meyer an, dass er für „Fehler und Manipulationen von hauptamtlichen Führungskräften" nicht länger alleine verantwortlich gemacht werden wolle (Nach Skandal zu Manipulationen beim „Gelben Engel" 2014). Weiter sagte er: „Wenn die Gremien in Krisen eine Gefolgschaft nicht leisten, kann es keine strukturellen und unternehmenskulturellen Veränderungen im ADAC geben" (Nach Skandal zu Manipulationen beim „Gelben Engel" 2014). Seinen Posten übernahm kommissarisch Dr. August Markl, der am 6. Dezember 2014 offiziell zum Präsidenten des ADAC gewählt wurde (Hauptversammlung in München 2014).

Anfang April 2014 trennte sich der ADAC einvernehmlich auch von seinem Geschäftsführer Karl Obermair. Über die vertraglichen Details vereinbarten beide Seiten Stillschweigen (Automobilclub. ADAC trennt sich von Ex-Geschäftsführer Karl Obermair 2014).

Eine Aneinanderreihung von teils unentschuldbaren Fehltritten, falschen Dementis und zu späten Entschuldigungen, mangelnde Fehlereinsicht und an den Haaren herbeigezogene Ausflüchte. Ein Geschäftsführer, der sich über skandalöse Enthüllungen öffentlich lustig macht, statt aufzuklären. Der widerwillige Rücktritt eines Vereins-Präsidenten ohne echte Schuldeinsicht: Gutes Krisenmanagement sieht anders aus. Nicht von ungefähr hagelte es im Zuge der Enthüllungen Spott und Häme im Netz (Abb. 3.2).

Kein Wunder also, dass dem ADAC die Mitglieder im Zuge der Skandalserie in Scharen davonliefen: Von Januar bis Mai 2014 kündigten rund 320.000 Mitglieder ihre Mitgliedschaft im ADAC wegen des Skandals – das sind rund 1,8 % der Mitglieder (Kündigungswelle 2014). Am Status des ADAC als größtem Verein Deutschlands änderte dies jedoch nichts.

Im Zuge eines Neuanfangs startete der ADAC laut einer Presseerklärung vom 28.03.2014 eine sogenannte „Reform für Vertrauen" (ADAC 2014) (Abb. 3.3). Sieben Arbeitsgruppen nahmen ihre Arbeit auf, mit dem Ziel, „sämtliche Aktivitäten, Leistungen und Prozesse tiefgreifend zu prüfen und je nach Bedarf zu erneuern" (ADAC 2014). So wolle der ADAC sich ein „zeitgemäßes und zukunftssicheres Profil" geben (ADAC 2014). Selbstverständnis und Leitlinien des ADAC, Leistungen und Produkte, Studien, Tests und Awards, Mitgliedereinbindung, Strukturen und Rechtsformen, Prozesse und Compliance, Unternehmenskultur und Zusammenarbeit sind hierbei die Kerngebiete der Bemühungen und Umstrukturierungen (ADAC 2014).

Zudem wurde ein externer Beirat eingerichtet, dem neben einem ehemaligen Verfassungsrichter auch die Vorsitzende von Transparency International angehört (Nach Skandal zu Manipulationen beim „Gelben Engel" 2014). Der von der Hauptversammlung angestoßene Reformprozess soll spätestens 2015 abgeschlossen sein (Kündigungswelle 2014). Aber auch an der hier so demonstrativ nach außen getragenen Läuterungsabsicht könnten dem aufmerksamen Beobachter Zweifel kommen. Denn: Ohne tiefgreifende Reformen wie von der Mitgliederversammlung beschlossen droht dem ADAC nach dem Skandal um den „Gelben Engel" der Verlust des Vereinsstatus (Reformen beschlossen 2014). Seit dem 22.01.2014 prüft das Registergericht München, ob sich die zahlreichen wirtschaftlichen Aktivitäten des Automobilclubs mit dem Vereinsrecht vertragen (Automobilclub: Gericht prüft Vereinsstatus des ADAC 2014). Der Vereinsstatus spart dem ADAC viele Millionen Euro Steuern im Jahr und ermöglicht ihm, die Pannenhilfe deutlich günstiger anzubieten als Versicherungskonzerne (Automobilclub: Gericht prüft Vereinsstatus des ADAC 2014).

Mit seinen Dutzenden Tochterfirmen machte der Verein im Jahr 2012 insgesamt 983 Mio. € Umsatz und 84,9 Mio. € Gewinn („Gelber Engel"-Skandal 2014). Für

Eben bei Google+ gesehen. Lachen müssen
:D #ADAC

RETWEETS FAVORITEN
94 73

01:30 - 11. Feb. 2014

inge @Sunshine_C0ast · 11. Feb. 2014
@BenjaminB677 @caschy @MatthewSnow777 wir auch.fragt sich nur noch wie
lange☺

Abb. 3.2 „Kriminelle Vereinigung". (Quelle: Knobloch 2014)

das Jahr 2013 verzeichnete der ADAC einen Umsatz von 1,09 Mrd. € und verdiente unter dem Strich rund 120 Mio. € (Kündigungswelle 2014). Ein Großteil der Erlöse stammt aus den Versicherungsgeschäften des ADAC. Insgesamt beschäftigt der ADAC rund 8900 Personen, 2700 davon in den Regionalclubs (Kündigungswelle 2014).

Abb. 3.3 ADAC Homepage: Reform für Vertrauen (2015). (Quelle: ADAC 2015a)

Bislang hat das Gericht in dieser Sache keine Entscheidung getroffen (ADAC: Gericht vertagt Entscheidung über Vereinsstatus 2014).

Der ADAC selbst beschreibt seinen rechtlichen Status wie folgt:

Der ADAC e. V. ist, wie alle anderen Automobilclubs in Deutschland auch, seit seiner Gründung im Jahr 1903 ein sog. eingetragener, nicht wirtschaftlicher Verein. Er ist – entgegen immer wieder aufgestellten Behauptungen – nicht gemeinnützig. Nicht wirtschaftliche Vereine können anerkanntermaßen wirtschaftlich tätig sein, es muss jedoch immer Nebenzweck bleiben. Das heißt, die wirtschaftliche Tätigkeit muss dem ideellen Hauptzweck, der auch in der Satzung des ADAC niedergelegt ist, dienen und sich ihm unterordnen.

Das bedeutet vor allem, dass die Einkünfte aus wirtschaftlicher Tätigkeit dem Verein und vor allem seinen Mitgliedern zugute kommen müssen. Viele Vereine können heutzutage ihre Aufgaben in Zusammenhang mit noch bezahlbaren Mitgliedsbeiträgen nur durch solche eingeschränkte wirtschaftliche Tätigkeit erfüllen. Eine

Auslagerung der wirtschaftlichen Tätigkeit in Beteiligungsgesellschaften dient der notwendigen und rechtlich anerkannten Trennung. Diese rechtlichen Vorgaben erfüllt der ADAC e. V. (ADAC 2015b)

Es bleibt abzuwarten, ob das Registergericht München dies genauso sieht.

Ende Februar geriet der ADAC erneut in die Schlagzeilen: Ein hochrangiger Manager und seine Mitarbeiter stehen im Verdacht, jahrelang in die eigene Tasche gewirtschaftet zu haben (Manager entlassen 2015).

Ob der ADAC aus der jüngsten Vergangenheit gelernt hat und im Dienste einer zukünftig guten Reputation offen und transparent kommuniziert oder ob weiterhin Verleugnung und „Salamitaktik" angewandt werden, wird sich an dieser Feuerprobe zeigen.

Ein ausgesprochen nützlicher Tipp an die Adresse des ADAC kommt von Verkehrsminister Alexander Dobrindt (CSU):

> Der ADAC muss sich wieder mehr auf seinen ursprünglichen Auftrag konzentrieren, den Service für die Mitglieder und die Interessenvertretung der deutschen Autofahrer: Mehr um den einzelnen Autofahrer kümmern, weniger Show und Glitzer – der ADAC ist doch nicht Hollywood! (Rücktritt ausgeschlossen: ADAC-Präsident sieht sich als Garant der Aufklärung 2014).

Greenpeace

Ein hervorragendes Beispiel, wie sich die Ausweitung eines Skandals durch Offenheit und Transparenz effizient stoppen lässt, ist der Spenden-Skandal bei Greenpeace, bei dem die Umweltorganisation 2014 nahezu vier Millionen Euro an Spendengeldern verspekulierte (Finanzskandal bei Umweltschützern 2014). Ein Mitarbeiter der Greenpeace-Zentrale in Amsterdam verlor bei Währungsgeschäften 3,8 Mio. €. Dieses Spenden-Kapital stammte aus den Greenpeace-Organisationen anderer Länder – unter anderem aus Deutschland (Umweltschützer als Spekulant: Greenpeace-Mitarbeiter verzockt Spender-Millionen 2014).

Ein Sprecher von Greenpeace International bestätigte den Vorfall umgehend: Dem Angestellten sei eine „ernsthafte Fehleinschätzung" unterlaufen. Er sei inzwischen entlassen worden (3,8 Millionen Euro. Skandal bei Greenpeace: Spenden verzockt 2014). Der betreffende Mitarbeiter habe sich mit den riskanten Geschäften nicht persönlich bereichern wollen, versicherte Greenpeace (3,8 Millionen Euro. Skandal bei Greenpeace: Spenden verzockt 2014). „Wir können uns nur bei unseren Mitgliedern entschuldigen und auf ihr Verständnis dafür hoffen, dass auch unsere Organisation und unser Personal nicht frei von Fehlern sind." (3,8 Millionen Euro. Skandal bei Greenpeace: Spenden verzockt 2014). Als Ursache habe man auch Organisationsfehler im internen Kontrollsystem entdeckt. Diese seien mittlerweile aber behoben (Umweltschützer als Spekulant: Greenpeace-Mitarbeiter verzockt Spender-Millionen 2014).

„Greenpeace International ist hier ein gravierender Fehler unterlaufen, für den wir uns auch bei unseren Förderern entschuldigen wollen. Es ist mir wichtig zu betonen, dass Greenpeace International nicht mit Spendengeldern an der Börse spekuliert hat, sondern die Verträge zur Währungsrisiko-Absicherung zu Verlusten geführt haben", so Brigitte Behrens, Geschäftsführerin von Greenpeace Deutschland (Umweltorganisation. Greenpeace gibt gravierende Fehler zu 2014), „Es ist mir wichtig zu betonen, dass Greenpeace International nicht mit Spendengeldern an der Börse spekuliert hat, sondern die Verträge zur Währungsrisiko-Absicherung zu Verlusten geführt haben", so Behrens in einer Presseerklärung von Greenpeace Deutschland (Greenpeace 2014). Und weiter: „Die Besonderheit des aktuellen Falls ist, dass ein Mitarbeiter der Finanzabteilung eigenmächtig und unautorisiert Devisenabsicherung abschließen konnte. Gewöhnlich müssen solche Transaktionen bei Greenpeace International von der Geschäftsführung genehmigt werden. Es darf nicht sein, dass ein einzelner Mitarbeiter ein derart großes und riskantes Geschäft eigenmächtig abschließen konnte" (Greenpeace 2014).

Der Fehler wird eingestanden und die Mitschuld dafür übernommen, ohne den betreffenden Mitarbeiter an den Pranger zu stellen. Zugleich wird jedoch festgestellt, dass Konsequenzen gezogen wurden. Und, ganz wichtig: Die Mitglieder werden um Entschuldigung für den verantwortungslosen Umgang mit ihrem Geld gebeten.

Bereits das Handeln eines einzelnen Mitarbeiters kann sich verheerend auf den Ruf des Unternehmens auswirken – handelt er nun autorisiert oder nicht. Ein solches eigenmächtiges Verhalten zum Schaden des Unternehmens zu 100 % zu verhindern, wird niemals gelingen können (Abb. 3.4).

Anhand von Abb. 3.4 zeigt sich deutlich, welches Skandalpotenzial der vorliegende Fall in sich trug. Dank des umsichtigen Verhaltens von Greenpeace fällt es jedoch schwer, weitere negative Einträge im Netz zu finden. Die Umweltorganisation hat durch geschicktes Reputationsmanagement schweren Schaden von sich abgewendet.

Entscheidend in einem Fall von drohendem Reputationsverlust ist umsichtiges und kluges Verhalten, um den entstandenen Schaden möglichst zu minimieren: So wie Greenpeace es in diesem Fall vormacht. Ein Beispiel, das zum Nachahmen geeignet ist – mit einem kompetenten Partner an der Seite, der mögliche Probleme bereits erkennt, bevor sie überhaupt entstehen.

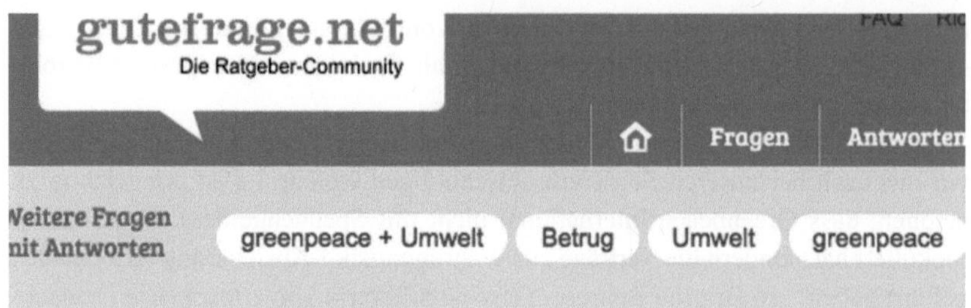

Frage von Lukers, 15.06.2014

Greenpeace verspekuliert Geld - soll ich den Idioten noch was Spenden ?

FInd das ziemlich schei*e von denen -. aber machen das denn andere NGOs auch ???

Grundsätzlich würde ich gerne in den Umweltschutz spenden.

Lg Lukas

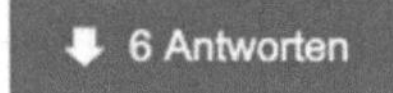

Antwort von Rivuser94, 15.06.2014
2 Mitglieder fanden diese Antwort hilfreich

Das ist das große Problem mit solchen NGOs! Man weiß so gut wie nie genau was mit dem gespendeten Geld wirklich passiert!

Abb. 3.4 „Soll ich denen noch was spenden?" (Quelle: Lukers 2014)

Literatur

ADAC. (2014). Presse-Information. „Reform für Vertrauen" – Erneuerungsprogramm des ADAC gestartet. adac.de, 28.03.2014. http://www.adac.de/_mmm/pdf/Reform_f%C3%BCr_Vertrauen_gestartet_203913.pdf. Zugegriffen: 24. März 2015.

ADAC. (2015a). Wir über uns. Reform für Vertrauen. adac.de. http://www.adac.de/wir-ueber-uns/reform-fuer-vertrauen/. Zugegriffen: 24. März 2015.

ADAC. (2015b). Wir über uns. Fakten zum ADAC. Grundsatzinformation zum Vereinsstatus des ADAC. adac.de. http://www.adac.de/wir-ueber-uns/daten_fakten/fakten_adac/default.aspx?ComponentId=199883&SourcePageId=73854. Zugegriffen: 24. März 2015.

ADAC-Führungsriege: Auch Ambulanzjet wurde privat genutzt. (2014). Spiegel Online Auto, 26.01.2014. http://www.spiegel.de/auto/aktuell/verwandter-eines-adac-managers-nutzte-ambulanz-jet-privat-a-945580.html. Zugegriffen: 23. März 2015.

ADAC: Gericht vertagt Entscheidung über Vereinsstatus. (2014). Amtsgericht will neue ADAC-Struktur berücksichtigen. motortalk.de, 08.12.2014. http://www.motor-talk.de/news/amtsgericht-will-neue-adac-struktur-beruecksichtigen-t5140161.html. Zugegriffen: 23. März 2015.

ADAC. Hubschrauber trocknete Fußballplatz in Braunschweig. (2014). Der Tagesspiegel, 29. 01. 2014. http://www.tagesspiegel.de/wirtschaft/adac-hubschrauber-trocknete-fussballplatz-in-braunschweig/9405594.html. Zugegriffen: 23. März 2015.

ADAC-Manipulations-Skandal. ADAC will nach Mauscheleien aufklären. (2014). AutoBild.de, 21.03.2014. http://www.autobild.de/artikel/adac-manipulations-skandal-4532387.html. Zugegriffen: 23. März 2015.

ADAC-Skandal. „Gelber Engel" seit 2009 manipuliert. (2014). Handelsblatt, 17.02.2014. http://www.handelsblatt.com/unternehmen/dienstleister/adac-skandal-gelber-engel-seit-2009-manipuliert/9494368.html. Zugegriffen: 4. März 2015.

Automobilclub: ADAC-Präsident nutzte Rettungshubschrauber für Dienstreisen. (2014). Spiegel Online Auto, 24.01.2014. http://www.spiegel.de/auto/aktuell/adac-praesident-nutzte-rettungshubschrauber-fuer-reisen-a-945277.html. Zugegriffen: 23. März 2015.

Automobilclub. ADAC trennt sich von Ex-Geschäftsführer Karl Obermair. (2014). WAZ, 04.04.2014. http://www.derwesten.de/wirtschaft/adac-trennt-sich-von-ex-geschaeftsfuehrer-karl-obermair-id9203088.html. Zugegriffen: 5. Juni 2015.

Automobilclub-Affäre: Auch Regionalchefs nutzten Rettungshubschrauber. (2014). Spiegel Online Auto, 29.01.2014. http://www.spiegel.de/auto/aktuell/auch-adac-regionalchefs-nutzten-rettungshubschrauber-a-946112.html. Zugegriffen: 23. März 2015.

Automobilclub: Gericht prüft Vereinsstatus des ADAC. (2014). 23.01.2014. Spiegel Online, http://www.spiegel.de/wirtschaft/unternehmen/gericht-prueft-vereinsstatus-des-adac-a-945199.html. Zugegriffen: 23. März 2015.

Finanzskandal bei Umweltschützern. Greenpeace spekuliert mit Spenden und verliert Millionen. (2014). Stern, 15.06.2014. http://www.stern.de/wirtschaft/news/finanzskandal-bei-umweltschuetzern-greenpeace-spekuliert-mit-spenden-und-verliert-millionen-2117302.html. Zugegriffen: 23. März 2015.

Gefälschte Stimmzahlen: ADAC gibt Manipulation bei Autopreis „Gelber Engel" zu. (2014). Spiegel Online Auto, 18.01.2014. http://www.spiegel.de/auto/aktuell/adac-chefredakteur-ramstetter-tritt-wegen-manipulation-zurueck-a-944304.html. Zugegriffen: 22. März 2015.

„Gelber Engel": Manipulationsversuch beim ADAC-Autopreis. (2014). Spiegel Online Auto, 14.01.2014. http://www.spiegel.de/auto/aktuell/adac-preis-gelber-engel-angeblich-manipulation-bei-abstimmung-a-943472.html. Zugegriffen: 22. März 2015.

„Gelber Engel"-Skandal. Kündigungswelle beim ADAC hält an. (2014). Spiegel Online, 07. 05. 2014. http://www.spiegel.de/auto/aktuell/adac-skandal-kuendigungswelle-haelt-an-a-968026.html. Zugegriffen: 4. März 2015.

Greenpeace. (2014). Absicherung gegen schwankende Wechselkurse fehlgeschlagen. Greenpeace International schreibt Millionenverlust. Presseerklärung auf greenpeace.de, 15.06.2014. https://www.greenpeace.de/presse/presseerklaerungen/greenpeace-international-schreibt-millionenverlust. Zugegriffen: 23. März 2015.

Hauptversammlung in München. August Markl zum ADAC-Präsidenten gewählt. (2014). Mitteldeutsche Zeitung, 06.12.2014. http://www.mz-web.de/wirtschaft/hauptversammlung-in-muenchen-august-markl-zum-adac-praesidenten-gewaehlt,20642182,29255420.html. Zugegriffen: 23. März 2015.

Hengst, B., Hucko, M., & Stockburger, C. (2014). Manipulationsversuche beim ADAC: Die Unschuldsengel. Spiegel Online Auto, 16.01.2014. http://www.spiegel.de/auto/aktuell/adac-weist-vorwuerfe-gegen-den-preis-gelber-engel-zurueck-a-943879.html. Zugegriffen: 22. März 2015.

Hengstenberg, M. (2014). ADAC-Skandal: Der unheimliche Verein. Spiegel Online, 24.01.2014. http://www.spiegel.de/auto/aktuell/adac-skandal-die-unheimliche-macht-des-automobilclubs-a-945372.html. Zugegriffen: 23. März 2015.

Hessen-Thüringen: ADAC-Regionalclub baute Villa für Geschäftsführer. (2014). Spiegel Online Auto, 27.01.2014. http://www.spiegel.de/auto/aktuell/adac-regionalclub-baute-villa-fuer-geschaeftsfuehrer-andreas-hartel-a-945728.html. Zugegriffen: 23. März 2015.

Hucko, M., & Stockhuber, C. (2014). ADAC-Geschäftsführer Karl Obermair: Herr Ramstetter war für uns nicht greifbar. Spiegel Online Auto, 22.01.2014. http://www.spiegel.de/auto/aktuell/adac-geschaeftsfuehrer-karl-obermair-im-interview-a-944795.html. Zugegriffen: 23. März 2015.

Knobloch, C. (2014). Eben bei google + gesehen. Lachen müssen #ADAC. Screenshot vom 30.03.2015. twitter. com, 11.02.2014. Twitterhttps://twitter.com/caschy/status/433171167617503232/photo/1. Zugegriffen: 31. März 2015.

Kröger, M. (2014). Dienstreise im Hubschrauber: Der teure Heli-Trip des ADAC Präsidenten (2014). Spiegel Online, Wirtschaft, 24.01.2014. http://www.spiegel.de/wirtschaft/soziales/adac-affaere-so-viel-kostet-der-dienstflug-im-rettungs-helikopter-a-945362.html. Zugegriffen: 22. März 2015.

Kündigungswelle. (2014) ADAC verliert durch Skandalserie 320.000 Mitglieder 2014. FAZ, 30.06.2014. http://www.faz.net/aktuell/wirtschaft/unternehmen/kuendigungswelle-adac-verliert-durch-skandalserie-320-000-mitglieder-13018447.html. Zugegriffen: 4. März 2015.

Liste an Enthüllungen. (2014). Das Sündenregister des ADAC. Spiegel Online, 29.01.2014. http://www.spiegel.de/auto/aktuell/liste-der-aufgedeckten-skandale-beim-adac-a-946186.html. Zugegriffen: 4. März 2015.

Lukers. (2014). Greenpeace verspekuliert Geld – soll ich den Idioten noch was spenden? Screenshot vom 27.03.2015. gutefrage.net, 15.06.2014, http://www.gutefrage.net/frage/greenpeace-verspekuliert-geld-soll-ich-den-idioten-noch-was-spenden-. Zugegriffen: 30. März 2015.

Manager entlassen. Dem ADAC droht eine neue Affäre. (2015). FAZ, 26.02.2015. http://www.faz.net/aktuell/wirtschaft/unternehmen/adac-affaere-manager-wegen-veruntreuung-entlassen-13451383.html. Zugegriffen: 23. März 2015.

Nach Skandal zu Manipulationen beim „Gelben Engel". ADAC-Präsident Peter Meyer tritt zurück. (2014). RP Online, 10.02.2014. http://www.rp-online.de/wirtschaft/unternehmen/skandal-um-gelber-engel-adac-praesident-peter-meyer-tritt-zurueck-aid-1.4024387. Zugegriffen: 23. März 2015.

Obermeier, B., & Ritzer, U. (2014). Falsche Zahlen bei der Leserwahl. Manipulation beim gelben Engel. Süddeutsche Zeitung, 14.01.2014. http://www.sueddeutsche.de/auto/falsche-zahlen-bei-der-leserwahl-manipulation-beim-gelben-engel-1.1862654. Zugegriffen: 23. März 2015.

Reformen beschlossen. So will der ADAC die Skandale hinter sich lassen. (2014). Stern, 06.12.2014. http://www.stern.de/auto/news/adac-beschliesst-reformen-so-will-der-verein-die-skandale-hinter-sich-lassen-2158169.html. Zugegriffen: 4. März 2015.

Rücktritt ausgeschlossen: ADAC-Präsident sieht sich als Garant der Aufklärung. (2014). Spiegel Online Auto, 21.01.2014. http://www.spiegel.de/auto/aktuell/manipulationsskandal-adac-praesident-meyer-schliesst-ruecktritt-aus-a-944612.html. Zugegriffen: 22. März 2015.

Umweltorganisation. Greenpeace gibt gravierende Fehler zu. (2014). Zeit Online, 15.06.2014. http://www.zeit.de/gesellschaft/zeitgeschehen/2014-06/greenpeace-spekulation-verlust-spenden. Zugegriffen: 23. März 2015.

Umweltschützer als Spekulant: Greenpeace-Mitarbeiter verzockt Spender-Millionen. (2014). Spiegel Online Wirtschaft, 14.06.2014. http://www.spiegel.de/wirtschaft/soziales/greenpeace-mitarbeiter-verzockt-spender-millionen-a-975215.html. Zugegriffen: 23. März 2015.

3,8 Millionen Euro. Skandal bei Greenpeace: Spenden verzockt. (2014). Berliner Kurier, 15.06.2014. http://www.berliner-kurier.de/politik-wirtschaft/3-8-millionen-euro-skandal-bei-greenpeace--spenden-verzockt,7169228,27492456.html. Zugegriffen: 23. März 2015.

If you have any concerns about our products,
you can contact us on
ProductSafety@springernature.com

In case Publisher is established outside the EU,
the EU authorized representative is:
Springer Nature Customer Service Center GmbH
Europaplatz 3, 69115 Heidelberg, Germany

Printed by Libri Plureos GmbH
in Hamburg, Germany